A VISÃO ESPIRITUAL DA RELAÇÃO HOMEM & MULHER

Editado por Scott Miners

A VISÃO ESPIRITUAL DA RELAÇÃO HOMEM & MULHER

Tradução
Ieda Pezzi

Revisão
Cristina Almeida Schumacher

EDITORA TEOSÓFICA

Título do original em Inglês
A SPIRITUAL APPROACH TO MALE/FEMALE RELATIONS

Edição em Inglês, 1984
The Theosophical Publishing House
Wheaton, Illinois – U.S.A.

Edição em Português
1992. Editora Teosófica

Capa: Fernando Lopes
Composição/Diagramação: João Batista Martins da Silva

EDITORA TEOSÓFICA, Sociedade Civil
SGAS – Quadra 603 – Módulo 20
70 200 630 – Brasília-DF, Brasil
Tel.: (061) 226-0662 ou 226-1036
Fax: (061) 226-3703

SUMÁRIO

- Autores Colaboradores vii
- Agradecimentos xv
- Prefácio à Edição Brasileira xix
- Prefácio xxi
- Introdução xxiii

Parte I Relacionamentos Amorosos 25

A Transmutação e a Sublimação das Energias Sexuais 27
Roberto Assagioli

Sexualidade: Uma Consideração do Contexto . 43
Casi Kushel

A Sabedoria nas Relações Humanas 49
Haridas Chaudhuri

Razão e Emoção 57
John Macmurray

Sobre o Sexo 63
J. Krishnamurti

A Despersonalização do Sexo 69
Viktor E. Frankl

Divórcio e Separação 77
Scott Miners

A Misteriosa Energia do Amor 89
Pitirim A. Sorokin

Parte II Aspectos Metafísicos do Amor 105

A Escada do Amor de Platão 107
Renée Weber

O Culto a Eros 123
Claude Bragdon

Os Aspectos Procriadores, Recreativos, Transformadores e Sociais do Sexo 131
Dane Rudhyar

Um Outro Aspecto do Sexo 143
Clara Codd

A Energia Sexual em Seu Aspecto Falso e Verdadeiro 157
Elisabeth Haich

O Sexo nas Leituras de Edgar Cayce 167
Gina Cerminara

Parte III A Perspectiva Religiosa 177

Uma Abordagem Cristã do Amor e do Sexo ... 179
Geddes MacGregor

Matrimônio e Sexualidade no Judaísmo 199
Jay G. Williams

A Dimensão Espiritual da Revolução Sexual .. 215
Sri M.P. Pandit

A Paixão 225
Hazrat Inayat Khan

A Polaridade Masculino-Feminino no Pensamento Oriental 229
Herbert Guenther

A Busca da União 241
Swami Sivananda Radha

AUTORES COLABORADORES

ROBERTO ASSAGIOLI, médico, nasceu em Veneza, Itália, em 1888 e graduou-se em Medicina na Universidade de Florença. Iniciou os estudos psicológicos e filosóficos ainda na universidade. O Dr. Assagioli desenvolveu uma técnica nova e abrangente de psicoterapia, denominada Psicossíntese, na qual os níveis espirituais de consciência são integrados com o emocional e o mental. Fundou o Instituto de Psicossíntese em Roma, em 1926. Mais tarde tornou-se presidente da Fundação para a Pesquisa da Psicossíntese, uma sociedade educacional sem fins lucrativos, criada para fomentar e patrocinar a pesquisa no campo da psicologia relacionada à psicossíntese. O movimento da psicossíntese está se alastrando e crescendo em popularidade. O Dr. Assagioli publicou várias centenas de ensaios e artigos e é também o autor de *The Act of Will.*

CLAUDE BRAGDON foi arquiteto, *designer,* escritor e cenógrafo. Talvez seja mais conhecido por ter projetado a estação ferroviária de Rochester, Nova Iorque. Entre seus amigos incluíam-se Alfred Steiglitz, Georgia ÓKeefe, Lewis Mumford, Theodore Roscoe e Tennessee Williams, cuja literatura Bragdon influenciou. Foi autor de muitos livros, dentre eles *The Beautiful Necessity, Old Lamps for New, The Ancient Wisdom in a Modern World, Eternal Poles,*

New Image, Merely Players, Introduction to Yoga, Yoga for You e *More Lives than One* (sua autobiografia).

GINA CERMINARA, Ph.D., é autora de muitos livros, vários deles versando sobre a filosofia de Edgar Cayce. Entre esses incluem-se *The World Within; Many Mansions, Many Lives, Many Loves* e *Edgar Cayce Revisited.* Um de seus livros mais recentes, *Insight for the Age of Aquarius,* ocupa-se do impacto da Semântica Geral sobre nosso estilo de vida. A autora doutorou-se na Universidade de Wisconsin e freqüentou também a Universidade de Roma, o Conservatório de Música de Wisconsin e o Instituto de Semântica Geral.

HARIDAS CHAUDHURI, Ph.D., foi discípulo de Sri Aurobindo e fundador-presidente do Instituto de Estudos Integrais da Califórnia, San Francisco, Califórnia. Seus trabalhos incluem livros e ensaios sobre a psicologia integral e a filosofia derivada dos ensinamentos de Sri Aurobindo, dentre eles *Mastering the Problems of Living; Being, Evolution and Immortality* e *The Evolution of Integral Consciousness.*

CLARA CODD foi ativista do Movimento pelo Sufrágio Feminino da Inglaterra. Antes de sua morte em 1971, escreveu muitos livros, incluindo *The Ageless Wisdom of Life* e *Trust Yourself to Life.*(1) Foi palestrante nacional da Sociedade Tosófica da Inglaterra, o que a levou a ser conferencista internacional por cerca de sessenta anos. Foi também presidente da Sociedade teosófica da Austrália e da África do Sul

(1) Em Português: *Confie em Você Mesmo para Viver*, Editora Pensamento, 1986 (N.T.).

VIKTOR E. FRANKL, médico, Ph.D., é Professor de Neurologia e Psiquiatria na Faculdade de Medicina da Universidade de Viena e Professor Egrégio de Logoterapia na Universidade Internacional dos Estados Unidos (San Diego, Califórnia). O Dr. Frankl é autor de vinte e seis livros traduzidos em dezoito idiomas. A edição americana de sua obra *Man's Search for Meaning* vendeu mais de dois milhões de cópias. Foi professor visitante nas universidades de Harvard, Metodista Meridional, Stanford e Duquesne. Dentre outros trabalhos em inglês de autoria do Dr. Frankl destacam-se *The Unheard Cry for Meaning, The Unconscious God, The Will to Meaning* e *Psycotherapy and Existentialism.*

HERBERT V. GUENTHER, Ph.D., nascido em 1917, possui doutorado pelas universidades de Munique e Viena. Lecionou na Índia de 1950 a 1963, e tornou-se chefe do Departamento de Filosofia Comparada e Estudos Budistas da Universidade Sânscrita de Varanasi, em 1958. Desde 1964 chefia o Departamento de Estudos do Extremo Oriente da Universidade de Saskatchewan, no Canadá. Entre seus livros estão *The Life and Teachings of Naropa* e *The Tantric View of Life.*

ELISABETH HAICH leciona *yoga* na Suíça, onde fundou diversas escolas de *yoga* e é diretora adjunta do Centro de *Yoga* Yesudian Haich em Ponte Tresa, Tessin. É co-autora de numerosos livros sobre *yoga,* inclusive *Yoga and Destiny.* Escreveu ainda *Sexual Energy* e *Yoga and Initiation.*

HAZRAT INAYAT KHAN, o grande místico sufi, fez conferências e lecionou no Ocidente de 1910 até sua morte, em 1927. Deixou um grande número de palestras inéditas, que foram compiladas e publicadas em uma série de doze volumes intitulada *The Sufi Message of Hazrat Inayat Khan.* Seu filho, Pir Vilayat Khan, é o atual líder do Movimento Sufi.

CASI KUSHEL, M.F.C.C., trabalha como psicoterapeuta em sua clínica particular em Berkeley, Califórnia. É catedrática da Escola Superior de Terapia Marital e Familiar da Califórnia e foi anteriormente membro associado do Programa de Sexualidade Humana da Universidade da Califórnia, em San Francisco.

J. KRISHNAMURTI nasceu em 1895, perto de Madras, na Índia, e estudou na Inglaterra. Atualmente na casa dos oitenta anos(*), continua a proferir palestras no mundo inteiro sobre o tema da libertação interior pela autoconsciência. A instituição cultural que leva o seu nome fundou escolas em muitos países com o propósito de "criar um novo ser humano", livre da agressão, da competição ou da comparação. De tempos em tempos, Krishnamurti leciona em suas escolas, que se estendem até o nível universitário. Vários livros foram compilados a partir de suas conferências, dentre os quais *Comentários sobre o Viver* (três volumes), *Primeira* e *Última Liberdade, You are the World, Flight of the Eagle* e *The Impossible Question.*

GEDDES MACGREGOR, Doutor em Direito, Ph.D., é Professor Emérito, Egrégio de Filosofia da Universidade do Sul da Califórnia e autor de mais de vinte livros. Nasceu na Escócia e naturalizou-se americano após a chegada aos Estados Unidos, em 1949, com a esposa e dois filhos, onde foi o pri-

(*) Krishnamurti faleceu em 17 de fevereiro de 1986 (N.T.).

meiro detentor da Cátedra Rufus Jones de Filosofia e Religião, em Bryn Mawr. Foi bolsista em Yale, de 1967 a 1968, e professor visitante de várias universidades americanas e canadenses. Também foi pregador especial em muitas igrejas famosas, incluindo a Catedral de São Giles, em Edimburgo, a Capela da Universidade de Princeton, a Catedral Saint Paul e a Abadia de Westminster, em Londres; ministrou palestras e pregou muito na Europa e na Ásia.

JOHN MACMURRAY, LL. D., nasceu na Escócia em 1891, e faleceu em 1976. Obteve o mestrado na Universidade de Glasgow e na Universidade de Oxford e finalmente recebeu o grau honorífico de Doutor em Direito da Universidade de Glasgow. Depois de assumir outros compromissos, tornou-se Professor de Filosofia Moral na Universidade de Edimburgo. Seus livros incluem *Reason and Emotion, The Structure of Religious Experience, Challenge to the Churches, Persons in Relation* e *Search for Reality in Religion.*

SCOTT MINERS É editor-chefe da revista *The American Theosophist,* publicação mensal da Sociedade Teosófica na América. Estudou Direito na Western State University, na Faculdade de Direito de San Diego, e, atualmente, se prepara para graduar-se em estudos religiosos. É casado e tem um filho.

SRI M. PANDIT é secretário do *Ashram* de Sri Aurobindo em Pondicherry, na Índia. É autoridade mundialmente reconhecida em *yoga* e tradição espiritual indiana. Escreveu ou editou mais de oitenta livros acerca dos ensinamentos de Sri Aurobindo e do legado espiritual da Índia, sendo o mais recente *The Yoga of Love*. É uma autoridade na *yoga* de Sri Aurobindo e nos antigos textos clássicos tais como os *Vedas*, os *Upanishads*, o *Tantra* e o *Gita*. Viveu e praticou esta *yoga* durante quase quarenta anos no *Ashram* de Sri Aurobindo sob a supervisão direta deste e da Mãe.

SWAMI SIVANANDA RADHA é fundadora e presidente da Associação para o Desenvolvimento do Potencial Humano nos Estados Unidos. É ainda fundadora e diretora espiritual do *Ashram* Yasodhara, retiro para a prática da *yoga* e centro de estudos no Canadá. Recebeu seu treinamento no *Ashram* Sivananda em Rishikesh, na Índia. Escreveu *Kundalini: Yoga for the West* e *The Divine Light Invocation*. Atualmente, muito do seu tempo e energia são dedicados às oficinas e turnês de conferências.

DANE RUDHYAR realizou um trabalho pioneiro ao propor um enfoque humanístico (e, mais recentemente, transpessoal) para a astrologia. É autor de muitos livros sobre Filosofia, Metafísica, Artes e Astrologia, dentre eles *An Astrological Mandala, The Planetarization of Consciousness, Occult Preparations for a New Age, The Astrology of Personality, Astrological Timing* e *Culture, Crisis and Creativity*. Além disso, é um compositor famoso que abriu caminho para novas concepções tonais nos anos 20.

PITRIM A. SOROKIN, Ph.D., recebeu o grau de Magistrado em Código Penal e o de Doutor em Sociologia, na Universidade de São Petersburgo, da Rússia, onde tornou-se Chefe do Departamento de Sociologia. Posteriormente veio para os Estados Unidos e juntou-se aos catedráticos da Universidade de Minnesota. Em 1930, tornou-se Chefe do Departamento de Sociologia da Universidade de Harvard. Através de uma doação da Lilly Foundation instituiu o Centro de Pesquisas em Altruísmo Criativo, o qual veio a ser mais tarde a Sociedade de Pesquisas em Altruísmo Criativo. A lista de seus trabalhos publicados inclui trinta e poucos volumes que foram traduzidos em muitas línguas. Dentre eles destacam-se *The Ways and Power of Love, The American Sex Revolution* e *Social and Cultural Dynamics.*

RENÉE WEBER, Ph.D., recebeu seu doutorado na Universidade de Colúmbia e é professora de Filosofia da Universidade de Rutgers. Escreveu artigos sobre a filosofia comparada do Oriente e Ocidente, e filosofia esotérica, sobre Platão e sobre cura, muitos dos quais foram publicados em *Main Currents in Modern Thought, Re-Vision, The American Theosophist* e em diversas antologias. Publicou entrevistas e diálogos com cientistas famosos em *The Holographic Paradigm and Other Paradoxes*, editado por Ken Wilber, e alhures.

JAY G. WILLIAMS, Ph.D., Professor e Chefe do Departamento de Religião do Hamilton College, Nova Iorque, é especialista em Filosofia da religião. Autor de *Yeshua Buddha* (1979), uma interpretação da teologia do Novo Testamento, e de *Judaism* (1981), a história do povo judeu, ambos publicados pela Editora Teosófica de Wheaton, Illinois.

AGRADECIMENTOS

O compilador deseja expressar sua gratidão às seguintes pessoas e entidades, por terem permitido a reprodução de textos:

Aurora Press por "Energia Sexual e *Yoga*" de Elisabeth Haich, em *Sexual Energy and Yoga*. Reproduzido com a permissão do editor.

Gina Cerminara por "O Sexo nas Leituras de Edgar Cayce", extraído de seus livros *The World Within,* William Sloan Associados, editor, e *Many Lives, Many Loves,* DeVorss e Companhia, 1963.

Faber and Faber Publishers por "Razão e Emoção" de John Macmurray. Reprodução autorizada por Faber and Faber Ltd., de *Reason and Emotion* de John Macmurray.

Victor Gollancz Ltd. por "Sobre o Sexo" de J. Krishnamurti. Reprodução de *The First and Last Freedom* de J. Krishnamurti. Direitos autorais de Victor Gollancz Ltd., Londres.

Harper and Row, Publishers, Inc., também por "Sobre o Sexo" de J. Krishnamurti. Capítulo 21, "Sobre o Sexo" de *The First and Last Freedom.* Direiros autorais de K & R Foundation, Inc., 1954. Reprodução autorizada por Harper and Row, Publishers, Inc.

Alfred A. Knopf, Inc. por "O Culto a Eros" de Claude Bragdon, a partir de *Delphic Woman: Twelve Essays,* Direitos autorais de Claude Bragdon, renovado em 1964 por Henry Bragdon. Reprodução autorizada por Alfred A. Knopf, Inc.

Main Currents in Modern Thought por "A Misteriosa Energia do Amor" do Pitirim Sorokin. *Main Currents in Modern Thought,* setembro de 1958.

Servire Publishers por "A Paixão" de Hazrat Inayat Khan. Reproduzido de *The Sufi Message of Hazrat Inayat Khan,* de Hazrat Inayat Khan, Servire Publishers, p.162, com a permissão de Servire Publishers.

Shambhala Publications, Inc. por "A Polaridade Masculino-Feminino no Pensamento Oriental" de Herbert V. Guenther. Reproduzido por especial acordo com Shambhala Publications, Inc., 1920, 13th Street, Boulder, Colorado 80302. A partir de "The Male-Female Polarity in Oriental and Western Thought" de Herbert V. Guenther em *Maitreya 4: Woman.* Direitos autorais de Shambhala Publications, Inc., 1973.

The Sterling Lord Agency, Inc. por "A Transmutação e a Sublimação das Energias Sexuais", a partir de *Psychosyntesis: A Manual of Principles and Techniques* de Roberto Assagioli, médico, reproduzido com a permissão de The Sterling Lord Agency, Inc., direitos autorais de Psychosynthesis Research Foundation, 1965.

Synthesis, por "A Despersonalização do Sexo" de Viktor Frankl. Reprodução autorizada de Synthesis 1, *The Realization of the Self,* @ 1974, 1977, do Instituto de Psicossíntese da Synthesis Graduate School for the Study of Man, 3352 Sacramento St., San Francisco, Califórnia, 94118.

The Theosophical Publishing House Ltd., Londres, por "Um Outro Aspecto do Sexo" de Clara Codd. Reproduzido a partir de *The Creative Power,* de Clara Codd e originalmente intitulado "O Aspecto Esotérico do Sexo", com a permissão de The Theosophical Publishing House, Ltd., Londres.

The Theosophical Publishing House, Wheaton, por excertos do capítulo "A Sabedoria nas Relações Humanas" de Haridas Chaudhuri. Reproduzido a partir de *Mastering the Problems of Living,* de Haridas Chaudhuri, com a permissão de The Theosophical Publishing House, Wheaton. Direitos Autorais de Haridas Chaudhuri, 1968.

PREFÁCIO À EDIÇÃO BRASILEIRA

Dentre os inúmeros problemas que assolam o mundo de hoje, a questão da relação homem-mulher ocupa um lugar de destaque. As estatísticas mostram nos relacionamentos interpessoais um número crescente de degradação, de separações, de agressões à mulher.

No âmago desta problemática, encontra-se nossa atitude em relação à sexualidade, atitude esta que é condicionada por fatores culturais, sociais e religiosos, os quais muitas vezes contribuem para criar inúmeros conflitos e deformações na conduta humana. A questão torna-se ainda mais confusa pela predominância da visão materialista da vida, que insiste em apresentar o ser humano como um "animal melhorado", para o qual o sexo passa a ser um fim em si mesmo.

Por tudo isto reveste-se de um valor significativo a edição em língua portuguesa do presente livro. Trata-se de uma compilação bastante feliz de escritos de diferentes pensadores sobre o significado mais profundo da relação homem-mulher, da sexualidade e de seu papel no processo de desenvolvimento integral do ser humano. Nomes tais como J. Krishnamurti, Roberto Assagioli, Viktor Frankl, Pitirim Sorokin, Dane Rudhyar, Renée Weber, entre outros, contribuem com suas oportunas reflexões para lançar luz sobre o mistério da atração entre o masculino e o feminino.

O tema recorrente do livro, como o leitor perceberá, é o amor, que tanto pode ser deformado até tornar-se um sentimento egoísta e possessivo, como também pode florescer de tal forma que conduz à regeneração interior da pessoa, a qual expressa-se como compreensão e harmonia em todos os relacionamentos. Não há dúvida de que o presente livro aponta na direção desta transformação mais profunda, a qual é uma das grandes necessidades do nosso tempo.

PREFÁCIO

Houve uma época na minha vida em que comecei a questionar alguns dos valores por mim defendidos no que se referia à sexualidade. Conscientizei-me de que me fixara em um modelo estabelecido pela pressão de meus iguais e pela aculturação inerente ao meu grupo sócio-econômico.

À medida em que comecei a questionar o significado da sexualidade (biológica, filosófica e pessoalmente), apercebi-me de como sabia pouco a respeito. Pesquisei em livros de Psicologia, Fisiologia e Filosofia sobre o sexo e a sexualidade, e encontrei muitas informações úteis " algumas delas incluídas neste livro. Todavia, não consegui descobrir um livro sequer que tratasse o assunto de modo significativo como eu desejava. Portanto, iniciei este projeto e busquei autores e artigos que inserissem a sexualidade no contexto do amor, da responsabilidade e do crescimento espiritual. O resultado é esta compilação de artigos com diversos pontos de vista os quais, esperamos, forneçam material que facilitará a compreensão do papel do amor e do sexo para o crescimento consciente na vida cotidiana. Tenho a impressão de que este tratamento específico do tema irá favorecer de alguma maneira a compreensão da atração masculino/feminino, e irá apresentá-la sob uma nova perspectiva aos que não estiverem familiarizados com os pontos de vista a seguir.

Gostaria ainda de agradecer às diversas pessoas que me estenderam a mão ou me ofereceram uma palavra de conforto. Primeiramente, gostaria de agradecer à minha esposa Kathie por suas muitas horas extras tomando conta do nosso filho Christopher, enquanto era bebê. Depois, também devo muita gratidão a Leonie Van Gelder, Mike King, Paul Hudson, Rosemarie Stewart, John Sameluk, Mary Jo Schneider, Jerry Rosser, Helen Bee e, embora tecnicamente eu não devesse agradecê-la neste espaço, Shirley Nicholson da TPH (Theosophical Publishing House), por seu auxílio e apoio na organização dos artigos.

INTRODUÇÃO

A atração entre masculino e feminino é um sentimento conhecido. Esta polaridade física é um dos traços mais óbvios de nossas vidas. Contudo, por ser tão conhecida, com demasiada freqüência seu caráter único é obscurecido. Por ser tão comum, inclinamo-nos a perder de vista a beleza e o mistério desta oposição.

O interesse popular a esse respeito e a exploração das relações entre homens e mulheres tendem a enfatizar o sexo biológico ou físico. Inclinamo-nos a esquecer que as dinâmicas emocional, mental e espiritual também tomam parte nestas relações, e que também ocorrem constantes alterações multidimensionais entre duas pessoas em um relacionamento. Apesar disso sempre houve interesse, embora nem tão popular, acerca de outras dimensões das relações entre masculino e feminino. Por que existem dois sexos? Por que existe atração entre eles? Por que os machos exibem características, em termos gerais, diferentes das fêmeas? De que maneira se expressa amor em um relacionamento?

O sexo é um aspecto importante das nossas vidas, mas é freqüentemente desprezado, mal-empregado e visto com suspeitas. Tornando-nos mais cientes dessa força, seremos capazes de trabalhar com ela de modo mais consciente e, portanto, mais criativo. No trabalho, em casa, nas diversões ou no lazer, a vida pode se tornar mais plena de sentido se reconhecermos que essa mesma atração pessoal provém de uma energia impessoal do Universo que, às vezes, de forma descuidada, chamamos de "amor".

Aliar-se a esse amor, com a sua impessoalidade e a sua realidade palpável, pode ser o passo inicial em direção ao melhoramento de todas as nossas relações humanas. Seu aspecto mais óbvio enquanto força de atração entre os sexos serve como um vívido lembrete de que essa energia do amor permeia as nossas vidas e todas as nossas relações.

Este trabalho é uma compilação de artigos que relacionam amor, espiritualidade e sexualidade. A maioria deles evidencia valores e princípios perenes que se estendem desde as antigas tradições. Esses valores têm resistido às reformas sociais, psicológicas, políticas e culturais, e permanecem como metas a serem atingidas por nós.

O livro está dividido em três seções. A primeira focaliza o ambiente sócio-cultural ou as relações humanas. A segunda trata fundamentalmente dos pontos de vista metafísicos, e a terceira possui uma qualidade religioso-filosófica ou até mesmo *yogi*. Há uma certa sobreposição entre as seções e por isso cada uma delas apresenta sua pequena introdução, que busca explanar o que vem a seguir.

PARTE I

RELACIONAMENTOS AMOROSOS

Esta seção examina a energia do amor nos relacionamentos e enquanto sinceridade emocional. O amor surge não como um brinquedo de pessoas imaturas, mas como uma força a ser reconhecida, um aspecto sagrado da vida, da mesma forma que o conhecimento é considerado sagrado pelos diversos visionários e sábios. Ele é visto como um construtor do caráter que pode nos impulsionar tanto a um maior autopercebimento, quanto a um auto-esquecimento.

Aqui os autores analisam o amor humano no seu ajuste correto – uma expressão madura e sacralizada. Ele foi secularizado na nossa cultura por ter sido mal compreendido, por terem se aproveitado dele e terem-no relegado a uma posição na qual com demasiada freqüência, não é reconhecido.

A nossa atitude para com o amor e a expressão inteligente deste sentimento estão ligadas ao problema do manejo dos impulsos sexuais, enigma que confronta pessoas de todas as culturas. O que vem a seguir é uma análise da consciência sexual humana e alguns claros princípios-orientadores para a sua expressão. A consideração do sexo como surge na mente ou pensamento e a motivação para a sua expressão são narradas nos artigos, e sempre a opinião sobre o amor – o amor compassivo, maduro, ponderado – é elevada a uma posição de destaque sobre a paixão sexual.

Controlar a substância de que é feito – e não renegá-la a uma sujeição reprimida, nem transformá-la em um deus particular a ser louvado – é o que o homem necessita fazer quando vive sua totalidade tanto no corpo quanto no espírito.

Elisabeth B. Howes, Sheila Moon,
Man the Choicemaker

ROBERTO ASSAGIOLI

A TRANSMUTAÇÃO E A SUBLIMAÇÃO DAS ENERGIAS SEXUAIS

A questão do sexo, de como tratar de maneira saudável e construtiva o instinto sexual, tem confrontado a humanidade desde o início da civilização. Porém, por vários motivos, este problema tornou-se mais premente nos dias de hoje, e a conscientização do público a seu respeito aguçou-se; para empregar uma expressão corrente, a humanidade tornou-se definitivamente consciente do sexo.

A crise nas relações entre os sexos não é isolada, mas faz parte, e talvez possa ser indicada como o principal aspecto, da crise geral que está produzindo efeitos profundos sobre as próprias bases da civilização existente.

A autoridade dos princípios morais e religiosos sobre os quais foi baseada nossa civilização, as regras e os costumes que antes eram tidos como certos e aceitos (mesmo que não fossem aplicados de forma consistente) perderam ou estão perdendo rapidamente o seu prestígio, o seu poder regulador e de união; ainda mais, a nova geração está se revoltando contra eles de maneira ativa, e às vezes até mesmo violenta. A causa principal desta crise é o fato de que, enquanto o fervor religioso e a aceitação incontestável das concepções teológicas e morais do passado estão rapidamente perdendo seu poder, os grupos mais antigos e ortodoxos têm tentado impingir, com absoluta autoridade, regras, condenações e proibições severas, baseadas naqueles fundamentos teológicos e moralistas.

Assim, no âmbito sexual, prevalecia antigamente uma atitude que levou a opinião pública a visualizar os instintos biológicos e as paixões humanas como sendo más e impuras. Portanto, o método prescrito para lidar-se com eles era o da repressão, exceto quando o impulso sexual pudesse obter satisfação justificada pelo matrimônio legal. O tema sexo, no conjunto, era considerado impróprio, e tanto quanto possível os adultos tentavam manter os jovens dele afastados.

O enfraquecimento da influência religiosa sobre a qual essa atitude baseava-se e a percepção dos efeitos perniciosos da repressão sobre a saúde e o caráter despertaram vários movimentos de revolta. Primeiro tivemos o "retorno à natureza", defendido por Rousseau e seus seguidores; depois, a glorificação do sentimento pelo movimento romântico; mais tarde, o restabelecimento das idéias hedonísticas e estéticas da Grécia Antiga e da Renascença, seguido de uma onda de materialismo filosófico e prático, e da revolta individualista contra a sociedade e suas normas como retratadas por Ibsen. Talvez mais importante na sociedade moderna tenha sido a influência de Freud e seus discípulos do movimento psicanalítico, que enfatizaram os efeitos psicopatológicos da repressão sexual. Todos esses contribuíram para incentivar e justificar a gratificação incontrolada de todos os instintos e impulsos, a liberação de cada paixão, a satisfação de cada capricho.

Porém, o resultado desta "liberação" não produziu a esperada satisfação e felicidade. Ao mesmo tempo em que eliminou alguns dos obstáculos da antiga atitude mais conservadora e o sofrimento dela resultante, gerou outras complicações, conflitos e misérias. Os adeptos da livre expressão sexual descobriram, e ainda estão descobrindo, que os excessos são necessariamente seguidos de esvaziamento ou fastio; que o instinto sexual e a paixão, mesmo quando não refreados por considerações de ordem moral, nem sempre encontram gratificação devido à falta de parceiros compatíveis. Além disso, os diferentes instintos seguidamente entram em conflito entre si, de modo que a indulgência em um deles implica a inibição de outro. Uma entrega precipitada ao impulso sexual tende a entrar em choque com a autopreservação, criando um conflito entre, por exemplo, a luxúria e o receio de ficar doente. Ainda mais, um senso de auto-asserção exagerado pode entrar em conflito com os costumes sociais e o conseqüente temor acerca dos riscos envolvidos.

A ausência de um princípio condutor estável, de uma escala de valores definida, torna o indivíduo inseguro, tira-lhe a autoconfiança e o sujeita à influência de outras pessoas e das circunstâncias externas. Além disso, os princípios ou aspirações éticos e espirituais não podem ser eliminados com tanta facilidade como muitos parecem crer; eles persistem no inconsciente devido às influências hereditárias e ambientais, e também encontram-se em estado de latência na verdadeira natureza espiritual do homem. Quando violados, provocam um protesto consciente ou inconsciente e, conseqüentemente, intensos conflitos íntimos.

Para fins de clareza, o retrato da situação foi simplificado em demasia. Na verdade, estamos hoje em um período de transição, de confusão e de tendências que se chocam. Em certos lugares e grupos persistem as antigas condições; velhos conceitos e métodos ainda estão sendo impostos. Em muitos casos, prevalece um clima de reação violenta e de conflito entre as gerações. Nos círculos mais avançados e esclarecidos, a natureza exagerada da reação foi reconhecida, e são feitas tentativas para encontrar e adotar pontos de vista equilibrados e métodos razoáveis.

É evidente que nenhuma das duas atitudes extremas pode proporcionar resultados satisfatórios. Poder-se-ia pensar que um acordo entre elas seria o modo de sair do impasse, mas ao mesmo tempo que um tal comportamento sensato poderia evitar os piores resultados, a experiência indica que ele não pode ser tido como solução satisfatória.

Contudo, existe outra alternativa, um meio mais dinâmico e construtivo de lidar com o problema. Baseia-se e aproveita-se de uma característica fundamental das energias biológicas e psicológicas, a saber, a possibilidade de sua transmutação – uma possibilidade existente em todas as energias.

A verdadeira natureza do processo não é bem conhecida, mas esse é o caso de todos os "fundamentos". Por exemplo, não se pode afirmar que compreendemos a natureza essencial da eletricidade, mas sabemos o suficiente sobre as suas manifestações e as leis que as regulam para sermos capazes de utilizá-la de muitas maneiras distintas e freqüentemente complicadas, como na eletrônica. Dá-se o mesmo no campo psicológico; não precisamos averiguar a natureza básica das energias psicológicas e suas transmutações a fim de empregá-las cada vez mais através do crescente conhecimento das leis que as governam e por meio de métodos adequados e eficientes nelas baseados. Podemos, portanto, avançar confiantes em nossa análise dos métodos a serem seguidos com propósitos construtivos na utilização do excedente dos impulsos sexuais. Isto é particularmente válido, por exemplo, para harmonizar o apetite sexual entre marido e mulher no casamento, ou para se adaptar a situações em que não há relações sexuais normais.

A primeira regra é adotar uma atitude objetiva com relação ao sexo, isenta das tradicionais reações de medo, afetação e reprovação, bem como de encantamento e fascínio – freqüentemente alimentados com artifícios, os quais, via de regra, nos cercam nos dias de hoje.

O instinto sexual, como qualquer outro, não é *em si* nem "mau" nem "bom". Trata-se de uma função biológica e, como tal, não é "imoral", mas pré-moral. Tem grande importância porque assegura a continuidade das espécies animais e da raça humana. Nos animais ele está sujeito à auto-regulação cíclica natural. Na humanidade civilizada, tornou-se complicado por sua íntima associação com as funções psicológicas tais como a emoção e a imaginação, e com os fatores sociais e éticos que, em parte, o estimularam excessivamente e, em parte, o inibiram. Portanto, a atitude científica objetiva em relação ao instinto sexual deveria ser dupla: por um lado deveríamos eliminar os receios e as reprovações que causam sua repressão no inconsciente, como demonstrou a psicanálise; e por outro, exercer-lhe um controle calmo mas firme, seguido de ativo processo de transmutação, sempre que sua expressão natural não estiver garantida.

Os processos de transmutação e sublimação psicológicos estão indicados simbolicamente, embora de modo obscuro e confuso, nos escritos dos alquimistas (Jung, 9b). Outras alusões podem ser encontradas nas obras de quem escreveu sobre ascetismo, como por exemplo Evelyn Underhill. Na abordagem moderna do assunto encontramos a seguinte afirmação significativa feita por Freud: "Os elementos do instinto sexual caracterizam-se pela capacidade de sublimação, pela alteração de seu propósito sexual para outro de diferente tipo e socialmente mais válido. É provável que se devam os maiores resultados de nossa cultura à soma das energias assim granjeadas para as nossas produções psicológicas." (Freud: *Ueber Psychoanalyse*, Leipzig und Wien, Deutike, 1910, p.61-62)[*]. Esta afirmação é importante pois nela o próprio Freud mostra a falácia que é considerar os aspectos físicos e instintivos da sexualidade isolada e independentemente dos seus outros aspectos, incluindo o emocional. Contudo, esta falácia é cometida por certos investigadores que possuem um viés materialista. Uma tal consideração puramente zoológica é unilateral ao extremo, e ao mesmo tempo em que esses investigadores empilharam uma massa enorme de casos, o descaso acerca de sua ligação vital com o aspecto psicológico do sexo, que é a faceta humana verdadeira, invalida as conclusões por eles tiradas. Há mais de meio século, James Hinton observou com ironia que tratar do grande fato do amor sexual apenas a partir do seu aspecto físico seria como, durante um concerto de Sarasate, ficar pensando nas vísceras do gato e na cauda do cavalo usadas para fazer as cordas e o arco do violino (Ellis, 6).

(*) Muitos outros psicólogos reconheceram o processo da sublimação e trataram dele em maior ou menor extensão. Dentre eles encontram-se Havelock Ellis (5), McDougall (11) e Hadfield (7). Uma pesquisa detalhada do tema com muitas citações e referências bibliográficas foi feita por J. Trevor Davies em seu livro *Sublimation* (1917)(3). Os problemas teóricos e as diferenças de opinião provocadas pelo assunto não impediram – neste e em outros casos – o uso efetivo do processo de transmutação psicológica.

Ao procurarmos definir a natureza da sexualidade, nela encontramos três aspectos principais:

1. Um aspecto sensual: o prazer físico.
2. Um aspecto emocional: a união com uma outra pessoa.
3. Um aspecto criativo: o nascimento de uma nova criatura.

Esta definição não pretende ser cientificamente precisa, mas constitui-se em auxílio prático durante o processo de transmutação. Cada um dos aspectos mencionados pode ser transmutado ou sublimado de acordo com a sua natureza específica.

Além disso, as transmutações podem ocorrer em dois sentidos. O primeiro é o sentido "vertical" ou interior. Muitos exemplos deste tipo de sublimação são oferecidos pelas vidas e pelos escritos dos místicos de todos os tempos, lugares e religiões. As suas autobiografias proporcionam a mais interessante evidência da natureza deste processo, suas crises e vicissitudes, o sofrimento que ele impõe bem como as alegrias que recompensam sua tensão e esforço. Todos falam na "bem-aventurança" que experimentam, entretanto julgam tratar-se de um possível obstáculo caso se permaneça a ela apegado. Também se pode observar as diferentes etapas que levam do amor humano ao amor por um Ser superior tal como o Cristo; esta é a sublimação do aspecto emocional. Eles aspiram à união com o Cristo interior, e alguns chamam-na de "casamento místico". Em termos psicológicos, diríamos que a finalidade da síntese espiritual é a união da personalidade com o Eu espiritual, sendo a primeira o pólo feminino negativo, e o segundo o pólo masculino positivo. Esta polaridade é uma realidade e não apenas a simples transposição simbólica de um fato biológico. Ela é um dos aspectos fundamentais da polaridade matéria-espírito e, por assim dizer, seu reflexo no nível psíquico-espiritual, assim como a polaridade sexual é a sua expressão no nível físico.

Detenhamo-nos um instante neste ponto para esclarecer certas confusões e equívocos que possam surgir. Ao mesmo tempo em que os processos da transmutação e da sublimação podem ser verificados com freqüência, não devemos inferir daí que *todo* o amor espiritual seja "meramente" o resultado do sexo sublimado, que seja possível "dar satisfações" acerca de uma manifestação psicológica ou espiritual superior atribuindo-se sua origem aos impulsos biológicos. A verdadeira natureza do misticismo não pode ser considerada, segundo afirmaram certos pesquisadores, como simples produto ou subproduto do sexo. Por um lado, encontramos muitas pessoas cuja vida sexual normal está inibida, e, no entanto, não mostram qualquer sinal de misticismo; por outro, há exemplos de pessoas que levam uma vida sexual normal, formam uma família etc., e, ao mesmo tempo, passam por autênticas experiências místicas.

A vida e a consciência espirituais pertencem a um nível psicológico definido e têm uma qualidade que é específica e não derivada de alguma outra. As energias transmutadas como que se alçam desde baixo, e ali acrescentam vitalidade e "calor", porém não criam nem explicam aquela vida superior. O aspecto criativo pode ser sublimado neste sentido "vertical" para a formação de uma nova personalidade regenerada. O desenvolvimento do "homem interior" necessita destas energias criativas, e, conforme o grau em que o indivíduo as emprega, novas esferas de ação de abrangência crescente irão se descortinar à sua frente.

O segundo sentido do processo de transmutação é "horizontal" ou exterior. Também aqui nós encontramos três tipos de transmutações, correspondentes aos três aspectos. O primeiro, antes de ser uma verdadeira transmutação, consiste na substituição dos outros prazeres dos sentidos pelo prazer sexual, do simples gosto pelo alimento, pela alegria do contato com a Natureza, e dos prazeres estéticos pelo cultivo da apreciação da beleza por meio da visão e da audição. O segundo consiste em uma amplificação ou extensão do amor de modo a abranger um número crescente de indivíduos; o terceiro produz ou estimula as atividades artísticas e intelectuais.

Quando a expressão sexual física do amor humano é bloqueada por alguma razão, sua manifestação emocional ou sentimental pode ser intensificada e atingir um alto nível de amor ideal, "platônico". Além disso, independentemente de qualquer obstáculo à livre e completa expressão do amor, um processo gradual de transmutação acontece de forma normal e espontânea nos casais harmoniosos. A princípio costumam predominar as manifestações sexuais e intensamente emocionais do amor, mas no decorrer dos anos e das décadas este aspecto passional é apaziguado e transmutado em ternura, aumentando a compreensão mútua, a estima e a comunhão íntima.

A energia amorosa derivada da sublimação sexual pode transcender, e de fato o faz, o amor por um só indivíduo. Ela se espalha em círculos concêntricos ou esferas de ação, abrangendo grupos de seres humanos sempre crescentes. Sob a forma de compaixão ela é dirigida aos que sofrem; depois passa por uma transmutação adicional e transforma-se na força motriz da ação social e filantrópica. A energia amorosa sublimada também pode exprimir-se como camaradagem e amizade pelas pessoas com quem mantemos uma identidade de compreensão, objetivos e atividade. Por fim, ela pode expandir-se ainda mais até ser irradiada como amor fraterno por todos os seres humanos e a todas as criaturas vivas.

O terceiro tipo de transmutação das energias sexuais acontece nas atividades criadoras de natureza artística ou intelectual. A seguinte afirmação do grande filósofo Arthur Schopenhauer sustenta vigorosamente este ponto:

> Nos dias e horas em que a tendência à voluptuosidade está mais forte... justamente aí também as energias espirituais... são passíveis de serem despertadas com a máxima intensidade. Elas estão inativas quando a consciência do homem entrega-se à luxúria, mas pelo esforço efetivo sua direção pode ser alterada e, então, a consciência é tomada pelas atividades mais elevadas da mente, ao invés daqueles desejos inferiores e torturantes.

Parece existir uma profunda semelhança entre a energia sexual e as energias criadoras que operam em outros níveis do ser humano. A criação artística oferece um canal particularmente adequado para a sublimação, e muitos exemplos podem ser encontrados nas vidas de grandes artistas, escritores e compositores. Um tal caso, de especial significação, é o de Richard Wagner. Como é bem sabido, certa vez ele se apaixonou por uma mulher casada, Mathilde Wesendonck, a quem dava aulas de música. Nela encontrou a compreensão e a devoção ao seu gênio que lhe faltaram na primeira esposa, Minna. Passado um breve período de tempo, eles resolveram renunciar à consumação do seu amor, e Wagner deixou Zurique e viajou, ou melhor, refugiou-se em Veneza. A princípio o desespero induziu-lhe a idéias de suicídio, mas, em seguida, ele se pôs a escrever tanto o libreto quanto a música de *Tristão e Isolda*, e, em uma espécie de arrebatamento criativo, completou a ópera em poucos meses. Nesse período escreveu muitas cartas a Mathilde e manteve um diário dirigido a ela. Esses escritos foram publicados em edição póstuma, e neles pode-se acompanhar claramente o gradual apaziguar de sua paixão à medida em que a expressava através da poesia e da música de sua ópera. A finalização do trabalho encontrou-o tão imparcial que ele escreveu a Mathilde em um tom bastante morno e muito mais leve, chegando mesmo a fazer-lhe uma breve visita em termos puramente amigáveis. Que Wagner estava a par deste processo de sublimação e o estimulava conscientemente evidencia-se em sua carta para Liszt: "Como jamais experimentei em minha vida a verdadeira felicidade do amor, quero erigir um monumento a este que é o mais belo de todos os sonhos, no qual este amor possa ser completamente saciado, do início ao fim. Estou planejando um *Tristão e Isolda*".

A transmutação e a sublimação constituem um processo que pode ser tanto espontâneo quanto consciente e deliberadamente nutrido e efetuado. No último caso, há um amplo escopo para a efetiva aplicação dos fatos e leis apurados ou redescobertos pela psicologia dinâmica moderna, e para o emprego de técnicas ativas neles baseados. Aqui estão alguns métodos práticos para tais usos:

01 Um firme controle consciente do impulso a ser transmutado, onde, todavia, deve-se ter o cuidado de evitar qualquer reprovação ou temor a ele, pois isto poderia resultar em sua pressão no inconsciente. A não-reprovação do impulso, como tal, não implica a falta de percepção de nossa séria responsabilidade pelas conseqüências, tanto individuais quanto sociais, de sua expressão desajustada. O controle pode ser facilitado por métodos físicos simples tais como a atividade muscular vigorosa e a respiração rítmica; porém, a maneira

mais efetiva e ao mesmo tempo mais elevada de controlar tanto o impulso sexual quanto o de poder é aceitar e reconhecer cada ser humano como "Alguém" a ser respeitado, e não como um "objeto" para a gratificação do nosso prazer, "algo" a ser dominado e explorado. A veracidade de um tal "relacionamento correto" com nossos semelhantes, e o nosso dever de reconhecê-lo foram explanados e enfatizados de modo convincente por Martin Buber.[(2)]

02 A liberação ativa, o desenvolvimento e a expressão dos vários aspectos do amor pessoal e espiritual – o amor por nosso companheiro; o amor ao próximo, começando pelos que nos são íntimos e abrangendo uma quantidade crescente de seres humanos em círculos cada vez maiores e "mais voltados para o alto" em direção a Deus ou ao Supremo. A ênfase deve ser colocada na expressão do amor, no entendimento e na cooperação com as atividades altruístas e humanitárias.

03 A projeção deliberada dos nossos interesses, aspirações e entusiasmo em algum *trabalho criativo* no qual todas as nossas energias possam ser descarregadas. Diversas técnicas de expressão criativa podem ser empregadas com este propósito, tais como o desenho, a escrita e o movimento (Assagioli, 1).

04 O uso de *símbolos.* Eles exercem um grande poder de atração sobre todas as nossas energias, conscientes e inconscientes, e favorecem especificamente o processo de transmutação. Jung, em seu *Fundamentos de Psicologia Analítica* (9) chegou ao ponto de afirmar: "O mecanismo psicológico que transmuta a energia é o símbolo." Há uma grande diversidade de símbolos dotados de influência anagógica (enaltecedora)

que podem ser postos a serviço deste processo, do qual os tipos humanos ideais ou "exemplares" constituem uma classe importante. Duas espécies destas figuras ideais, diferentes e, em certo sentido opostas, são adequadas respectivamente ao homem e à mulher. O homem pode visualizar algum herói, ou um Ser humano divino como Cristo, ou ainda pode utilizar a imagem de uma mulher ideal como a Beatriz de Dante ou Nossa Senhora. Inversamente, a mulher pode tomar como modelo o tipo mais elevado de feminilidade que a sua imaginação possa conceber, ou uma imagem do homem ideal. A influência de tais "imagens" é belamente expressa no ditado indiano: "O Ganges (o rio sagrado) purifica ao ser visto e tocado, mas os Santos purificam apenas por terem sido lembrados."

Um símbolo simples e efetivo é o lótus, que transmuta a lama e a água do lago na delicada substância e na forma e coloração atraentes de sua flor. Isto se dá por meio de sua vitalidade inerente e através da energia geradora de vida dos raios solares. Desoille, em seu método terapêutico da imaginação dirigida (4a.) fez uso do movimento simbólico ascendente para obter a sublimação e a transformação. Kretschmer (10) resumiu diversas técnicas de imaginação que podem ser empregadas para estimular este processo da sublimação.

Outros símbolos anagógicos podem ser produzidos espontaneamente em sonhos e no desenho livre; Jung e seus discípulos [E. Harding (8), F. Wickes (13) e outros] fizeram um estudo e aplicação extensivos a respeito.

05 A estreita comunhão psicológica íntima com indivíduos ou grupos que alcançaram, ou estão buscando alcançar, o mesmo

objetivo. Assim como existem catalisadores químicos, também há "catalisadores humanos", cuja influência, irradiação e "atmosfera" por eles criada favorecem enormemente as transformações psicológicas.

A importância e o valor da transmutação e da sublimação – não só das energias sexuais mas de todos os outros impulsos – devem ser conhecidos e analisados com maior abertura, e os métodos para fazê-los funcionar devem ser aplicados mais extensivamente na psicoterapia, na educação e na auto-realização.

O processo da transmutação e da sublimação pode ser comparado ao represamento das águas de um grande rio, que evita inundações desastrosas ou a formação de pântanos insalubres ao longo de suas margens. Enquanto uma parte da água corre livremente para seu destino natural, o restante é conduzido através de canais adequados para os mecanismos apropriados que transformam sua energia em eletricidade a ser empregada como força motriz com finalidades industriais e outras. De modo paralelo, os impulsos conscientes e inconscientes, causadores de tantos sofrimentos individuais e distúrbios sociais, podem se transformar, desde que corretamente controlados e canalizados, em molas propulsoras de atividades de grande valor humano e espiritual.

Referências

01 Assagioli, R.: "Creative Expression in Education", *American Journal of Education,* 1963, Nº 1.

02 Buber, M.: *Eu e Você,* São Paulo, Cortez & Moraes, 1979.

03 Davis, J. Trevor: *Sublimation,* Londres, Allen & Unwin, 1947. Nova Iorque, Macmillan, 1948.

04 Desoille, R.: *Exploration de l'affectivité subconsciente par la méthode du rêve éveillé. Sublimation et acquisitions psychologiques.* Paris, D'Artrey, 1938.

04 (a) Desoille, R.: *Le Réve éveillé en psychothérapie,* Paris, Presses Universitaires de France, 1945.

05 Ellis, H.: *Little Essays of Love and Virtue,* Nova Iorque, Doubleday, 1962.

06 Ellis, Mrs. H.: *Three Modern Seers: Hinton, Nietzsche and Carpenter,* Londres, Stanley, 1910.

07 Hadfield, J.A.: *Pscychology and Morals,* Londres, Methuen, 1923. Nova Iorque, McBride, 1925.

08 Harding, M.E.: *Psychic Energy. Its Source and its Goal,* Nova Iorque, Pantheon Books, 1947.

09 Jung, C.G.: *Fundamentos de Psicologia Analítica,* Petrópolis, Vozes, 1981.

09 (a) Jung, C.G.: *O Desenvolvimento da Personalidade.* Petrópolis, Vozes, 1972.

09 (b) Jung, C.G.: *Psicologia e Alquimia.* Petrópolis, Vozes, 1975.

10 Kretschmer, Jr., W.: *Meditative Techniques in Psychotherapy,* (traduzido por Wm. Swartley). Nova Iorque, Psychosynthesis Res. Found., 1959.

11 McDougall, W.: *The Energies of Men.* Londres, Methuen, 1932. Nova Iorque, Scribner, 1933.

12 Sorokin, P.A.: *The Ways and Power of Love (Types, Factors and Techniques of Moral Transformation),* Boston, Beacon Press, 1954.

13 Wickes, F.G.: *The Inner World of Man.* Londres, Methuen, 1950. Nova Iorque, H.Holt, 1948.

Conceda liberdade aos que habitam seu coração, mas não ao afastar-se deles, tentando manter-se distante, pois isso freqüentemente os faz ainda mais apegados. Conceda-lhes liberdade em cada pensamento, dê-lhes amor, amor superabundante – sem qualquer restrição na mente, sem qualquer dúvida que se apresente.

Elise Morgan, ***Your Own Path***

CASI KUSHEL

SEXUALIDADE: UMA CONSIDERAÇÃO DO CONTEXTO

A sexualidade humana é uma dança intrincada e misteriosa. Para a maioria de nós, a significação desta dança não é apenas o alívio físico, porém uma complexa interação das necessidades físicas, espirituais e interpessoais. É a qualidade da nossa experiência sexual, a natureza dos nossos relacionamentos, nossa auto-imagem e o significado das nossas vidas que proporcionam o contexto de nossa sexualidade.

Na condiçao de terapeuta familiar com treinamento específico na área da sexualidade humana e dos distúrbios sexuais, sou testemunha de centenas de casos de insatisfação e frustração sexual. Muitas das pessoas que trato enfatizam a falta de certa experiência ou percebem falta de capacidade. Elas atribuem seus problemas a uma suposta inadequação ou disfunção física.

A maior parte dessas dificuldades nada tem a ver com qualquer disfunção física real. São o produto da desinformação, do equívoco, da raiva contida, da incapacidade de comunicação, da auto-imagem desfavorável, dos sentimentos de inadequação em outras áreas da vida, da falta de uma outra interação significativa no relacionamento do casal, ou de expectativas irreais. Elas são exacerbadas ao considerar a experiência sexual fora do contexto do relacionamento dentro do qual ela existe, e como algo separado da qualidade do restante da vida.

Enquanto formos educados para ver a sexualidade distanciada do seu contexto apropriado em nossas vidas, experimentaremos confusão, insatisfação e uma sensação de inadequação pessoal quanto à nossa identidade sexual. Ficamos em descompasso com a dança.

Ao começarmos a desenvolver uma identidade sexual integrada, devemos reconhecer que a sexualidade acontece dentro de um relacionamento e não no vazio. Ela é parte essencial daquilo que Martin Buber chama de relacionamento do "Eu e Você". É a nossa resposta a outrem, uma expressão de excitação e de amor.

Devemos principiar a ver a nossa sexualidade como uma expressão de si mesmo para outrem, ou como um ato de unidade, parte do amar e ser amado. Além do mais, devemos reconsiderar o papel da sexualidade na procriação e como o vínculo que une os pais durante os anos de educação dos filhos. Nossa cultura sairia beneficiada se tratasse a sexualidade da forma que faz Pir Vilayat Khan – como "uma energia da raça, algo suprapessoal."

Se, enquanto cultura, tratássemos os sentimentos sexuais como uma expressão da nossa enorme capacidade de amar, nossa miraculosa capacidade de procriar e do nosso esforço permanente para transcender o mundano e experimentar a natureza divina que há em cada um de nós, os relatos de disfunção sexuais seriam raros. As crianças seriam ensinadas a sentir orgulho da sua identidade sexual, e os adultos direcionariam sua energia sexual para a formação de famílias saudáveis e compartilhariam sentimentos amorosos.

Uma vez que as primeiras lições sobre nós mesmos e nossos sentimentos sexuais iniciais ocorrem na infância, consideremos de que modo a nossa identidade sexual é formada dentro da família. É a família que nos proporciona o primeiro sentido de contexto sexual adequado e molda a nossa auto-imagem. É o local indicado para transmitir a importância dos sentimentos e da qualidade da experiência que será mais tarde difundida para a interação sexual. É no lar que o componente espiritual da sexualidade é apresentado.

O nosso desenvolvimento sexual tem início com as primeiras experiências de sermos tocados enquanto bebês. Se recebermos colo com freqüência, e formos acariciados e tratados com afeto e respeito, começaremos a desenvolver uma sensação de que somos dignos de amor, valorizados, e de estarmos seguros no mundo. Esse é o princípio da nossa identidade sexual.

Mesmo antes de nascermos e sermos envoltos em uma coberta azul ou rosa, estamos sendo preparados para o nosso futuro sexual. A atitude dos pais com relação à concepção, à gravidez e à experiência do nascimento irá colorir as primeiras horas do bebê. À medida que este for explorando o seu corpo, descobrindo os dedos das mãos, dos pés, a boca e os órgãos genitais, as reações dos pais serão gravadas no vocabulário silencioso das respostas sexuais dos bebês. A informação será armazenada para uso futuro, grande parte dela inconsciente e esquecida.

A maneira como a família se intercomunica ou silencia sobre os assuntos de cunho sexual é outro ingrediente importante para o desenvolvimento de uma identidade sexual saudável. Um estudo recente (1978) de 1400 famílias de Cleveland, Ohio, confirmou a experiência dos conselheiros sexuais dos Estados Unidos em geral. Entre 85 e 95 por cento dos pais analisados *jamais* haviam discutido qualquer aspecto do comportamento sexual e suas conseqüências sociais com os próprios filhos. Como podem estas crianças ser capazes de se comunicar com os seus amados quando chegar a hora? De que maneira aprenderão a compartilhar os sentimentos do sexo? Enquanto as crianças crescem, vão percebendo se os pais sentem-se à vontade ou não ao tocarem um ao outro e a si mesmos. Elas são moldadas pelo fato de que as mães tocam e seguram as filhas mulheres com mais freqüência do que os filhos homens. Elas captam rapidamente se a mãe ou o pai sentem vergonha das partes sexuais do corpo. Elas observam o respeito e o carinho, ou ausência deles, que os pais manifestam um pelo outro. Todos esses aspectos afetam o modo como as crianças percebem sua masculinidade ou feminilidade e a sua sexualidade em desenvolvimento.

Talvez pareça por demais simplista apontar todos esses fatos comuns, porém nossos autoconceitos são extraídos das nossas interações cotidianas com as outras pessoas, especialmente as interações com os nossos pais, as primeiras pessoas significativas para nós.

À época em que as crianças entram na escola e devem lidar com a informação externa e com a pressão de seus iguais, elas já estão no exato caminho de tornarem-se os adultos sexuais em que se transformarão, isto é, a maioria dos seus valores e atitudes para consigo próprias e o modo como irão se relacionar sexualmente com os outros estão formados. Se tiverem sido ensinadas a se valorizar e respeitar, ingressarão no mundo maior bem preparadas para manter essa atitude.

Se tiverem sido levadas a crer que seus genitais são indecentes, ou que o processo que as trouxe à vida é sujo e degradante, serão presas fáceis de sentimentos de culpa, inadequação e vergonha. A ironia é que essas crianças são mais vulneráveis à desinformação e ao desvio sexual do que aquelas que se gostam e se respeitam.

Além disso, as crianças que foram educadas em famílias dotadas do componente espiritual relatam que, já adultos, têm interações melhores e mais satisfatórias do que aqueles criados sem uma vida familiar espiritualizada. Estes últimos foram expostos a toda a sorte de palavrões das paredes dos banheiros, o tipo de pornografia *hollywoodiana* que abunda e que ultrapassa as vidas sexuais das estrelas de cinema, mas obtiveram apoio, informação e bons exemplos de suas famílias. Também a elas foi dado um sentido do componente espiritual da sexualidade. Elas se vêem por inteiro e ligadas a todas as demais criaturas. Respondem à sexualidade como uma extensão de sua espiritualidade e como o mecanismo que renova seu amor para com alguém significativo.

Isso não as protegeu da dúvida existencial e do aspecto desajeitado da adolescência. Cada uma dessas crianças a caminho da idade adulta e do amor maduro passou por paixões não correspondidas, tentações, rejeições e pressões dos seus iguais para ajustarem-se a atitudes sexuais que não vinham ao encontro de seus interesses. O que fez com que mais tarde ocupassem o topo de uma série de estatísticas que as classificou como as mais satisfeitas com a vida sexual, foi a auto-imagem forte, positiva, com a qual iniciaram a jornada, e o amor, o apoio e a disponibilidade de suas famílias ao longo do caminho.

Uma auto-imagem mais positiva, desenvolvida com o amor e o apoio de suas famílias no contexto de um relacionamento amoroso, pode levar à preocupação com o modo de enriquecer sua vida familiar, encorajando a sexualidade incipiente dos filhos, e explorando o próprio potencial para criar experiências transcendentes com as pessoas que amam.

Se quisermos formar crianças saudáveis, adaptáveis, com uma firme sensação de autovalia, devemos nos conscientizar de nossas atitudes com relação ao sexo em geral, e com a nossa própria sexualidade em particular. Devemos instruí-las conscientemente com informações precisas, demonstrar um carinho exemplar em nossas relações íntimas, encorajar o afeto e o respeito em nossas famílias, sentir orgulho dos nossos próprios corpos e dos delas, e ser amorosos e convincentes.

Talvez, mais importante do que tudo, devamos encorajá-las a compreenderem a sexualidade como uma força criadora, uma oportunidade para expressarem o seu senso de unidade com o outro, uma experiência de união. Demonstrar o aspecto espiritual da sexualidade em nossa própria vida. Torná-la parte da experiência de nossas famílias. Compartilhar com elas a visão que Martin Buber tinha do sexo como um meio pelo qual o amor pode renascer. Um sentido que via o amor e o sexo como necessários um ao outro para a compreensão tanto do corpo quanto do espírito. Uma visão de que o sexo pode ser amor transcendente e erótico, uma dança divina.

Amar significa... submeter-se à formação de um novo sujeito, um "nós". Isso depende... da decisão de dois sujeitos aceitarem a tarefa mais difícil da vida, a criação de um sujeito duplo, um "nós", com total desprezo pela egocentricidade, por todos os preconceitos, fórmulas e impulsos. Aquele que tem coragem suficiente de amar assim, encontra na vida a dois a mais sólida experiência positiva imaginável – o aparecimento de metas suprapessoais.

Fritz Kunkel, ***Let's Be Normal***

HARIDAS CHAUDHURI

A SABEDORIA NAS RELAÇÕES HUMANAS

A IMATURIDADE EMOCIONAL

O empecilho mais desconcertante ao aprofundamento do amor é a imaturidade emocional. Ela consiste na incapacidade de sobreviver às intempéries do amor. O amor enquanto relacionamento humano possui as suas quatro estações – primavera, verão, outono e inverno. A primavera é o período de lua-de-mel. O verão é o período da plenitude. O outono é o período de declínio, de crescente incompreensão e desencanto. O inverno é o do ressentimento crescente e das recriminações mútuas. Quando o amor sobrevive a todas essas mudanças de estação, ele descobre um sólido núcleo de estabilidade. Quando dois indivíduos descobrem que possuem as mesmas metas na vida, que têm um interesse permanente pelo bem-estar um do outro, e que conseguem aplainar as diferenças pelo amor à sua causa comum, nesse caso nenhum vento desfavorável consegue arrastar o seu relacionamento.

Durante a primavera do amor há encanto mútuo. Ocorre uma erupção das forças positivas do amor. Todas as diferenças e as características embaraçosas são deixadas em segundo plano ou mantidas em segredo. Cria-se uma espécie de magia hipnótica. Os anseios básicos, as necessidades psíquicas fundamentais de amar e ser amado afirmam-se de maneira predominante. Durante o verão do amor o relacionamento recém-inaugurado atinge seu clímax e máxima realização. Os parceiros douram-se ao sol do amor que se consumou, sob o calor do sonho tornado real.

Mas então chega o outono, quando a magia torna-se desgastada e o processo de desencanto se instala, os pés de barro do ídolo do amor ficam à mostra. O aspecto sombra da personalidade começa a chamar a atenção. Os empecilhos e as fraquezas que estavam submersos na maré alta da admiração mútua aparecem. As folhas da atração mútua principiam a cair. O amor imaturo cai junto com elas.

Um amante imaturo necessita de um ídolo perfeito, de um deus como objeto amoroso. A exuberância do seu impulso de amar pode facilmente idolatrar uma pessoa conveniente, dissimulando seus pés de barro. Assim que estes se revelam, o impulso evapora e a seguir vem uma completa frustração. Porém, quando existe um fundo irreprimível de energia psíquica, ela pode continuar a criar outros ídolos divinizados, um após o outro, que serão demolidos cada qual a seu tempo. Sob tais condições o amor nunca consegue lançar raízes profundas.

É a imaturidade emocional que dá força ao falso brilho da novidade, e um relacionamento amoroso imaturo só dura enquanto ela persiste. Com o desgaste da sensação do novo, o amor declina. A ânsia pela novidade responde rapidamente a uma nova atração. Mas não leva muito tempo até que o novo amor seja relegado ao limbo do esquecimento. Uma pessoa, ao escolher amigos, levada pelo fascínio da novidade ou pelo deslumbramento da perfeição, termina ficando só e abandonada. Mesmo que ela não pretenda rejeitar os amigos antigos, eles naturalmente o farão mais cedo ou mais tarde. A amizade não é algo a ser adquirido e depois tomado como certo. Ela é mais como uma planta viva que precisa ser regada a tempos regulares, ou uma chama que tem de ser alimentada enquanto queima.

Imaturidade emocional gera hipersensibilidade. Impossibilita a compreensão de que cada ser humano tem seus próprios problemas, suas próprias flutuações de humor, sua área de privacidade cuja inviolabilidade deve ser respeitada. Quando alguém está abalado ou preocupado com uma situação emergente, pode bem deixar de responder da maneira habitual ou com o calor e a atenção característicos ao chamado de um amigo. Mas se esse amigo for hipersensível, tirará depressa as suas conclusões. Talvez ele interprete a situação como um sinal de que não há mais amor. Poderia até reagir de maneira impulsiva, com raiva e desamor, baseado em uma conclusão apressada, sem nem tentar investigar e entender as circunstâncias específicas da situação.

A imaturidade não capta a essência do amor como um relacionamento entre dois seres espirituais. Conseqüentemente, ela injeta nas relações humanas ou o instinto de posse e de dominação, ou a política de conciliação e tolerância excessiva. Quando uma pessoa imatura entrega o seu amor para outro indivíduo, começa a sentir que seu amor é uma dádiva preciosa à qual deve ser afixada uma etiqueta de preço elevado. Ela se torna exigente e difícil de agradar. Começa a ter cada vez mais expectativas. Acredita que a dádiva do seu amor lhe confere um certificado de propriedade. Quer tratar o objeto do seu amor como sua propriedade particular ou como uma esfera de ação de seu controle soberano. Não consegue aceitar qualquer privacidade ou área de independência por parte da pessoa que ama. Quando o amor assume esta forma, o inverno se instala na vida emocional da pessoa. Ele anuncia o início do ressentimento e das recriminações mútuas. A parte mais fraca começa a sentir-se sufocada sob a tirania do amor, e permanece pronta para libertar-se da gaiola dourada. Não pode mais tolerar a profanação do seu ser íntimo.

No caso contrário, a imaturidade representa o amor como harmonia total. Crê-se que, para amar, deve-se permitir ao amado fazer o que lhe convém. Agradar ao objeto do amor de todas as maneiras torna-se a única preocupação daquele que ama. É um amor assim imaturo que cria o amante abnegado. Cria a esposa submissa, que sofre em silêncio. Cria também o político que segue a política pacificadora na esperança de fazer amigos por toda parte. Ele sacrifica os princípios em nome de exigências absurdas. Mas, com o passar do tempo, essa política não se sustenta. A mãe superindulgente compromete o futuro de seu filho. A esposa submissa degrada o marido. O político excessivamente indulgente encoraja o seu inimigo a tornar-se um tirano insaciável. E, finalmente, o relacionamento é prejudicado, se não destruído.

Durante o inverno do amor, as correntes geladas do relacionamento imaturo começam a soprar livremente. O componente de ódio do amor toma a frente. As dificuldades dos parceiros, até então mantidas em segredo, começam a aflorar. Pequenas falhas são aumentadas de forma desproporcional. Pequenos incidentes desagradáveis transformam-se em ocasiões para discussões e brigas amargas. As situações tipo "tempestade-em-copo-d'água" se multiplicam. Aumentam as recriminações mútuas. Quando o único vínculo entre dois parceiros é uma vantagem temporária, uma tórrida paixão impulsiva ou um contrato legal, os rigores do inverno podem de fato desferir o sopro mortal decisivo. Mas, quando o elo do relacionamento for mais profundo, ele pode emergir mais forte e estável da provação do inverno.

Não pode haver relacionamento humano duradouro sem o calor do coração e a preocupação genuína de um para com o outro. O amor pode existir sem leis porque possui um estatuto próprio. À medida em que cresce, desenvolve lei e ordem. Mas divorciada do amor, toda lei é vazia. Ela sufoca o espírito e transforma a vida em um deserto. Portanto, uma atitude excessivamente legalista, por todas as suas boas intenções, é nociva às relações humanas. Um moralista que seja ultra-entusiástico em sua devoção a princípios morais abstratos, não é eficaz em sua reforma nem útil em sua execução. As pessoas esperam dos amigos, antes de mais nada, solidariedade e amor em vez de sermões. Na falta de aceitação, os sermões tornam-se repulsivos. Na ausência de amor, os pronunciamentos éticos soam como chavões sem sentido. Eles são por demais abstratos e genéricos e, por conseqüência, sem ligação com as circunstâncias e os problemas específicos que se apresentam em dada situação. Só o amor propicia um vislumbre sobre a natureza específica das situações humanas. O amor com sua compreensão tolerante transforma a indignação justificada em perdão benevolente. O farisaico gosta de elevar a voz em protesto e crítica sempre que percebe uma falha no comportamento humano ou uma falsidade na vida social. Critica sem nenhuma disposição ao sofrimento e ao sacrifício.

Está ansioso para corrigir o erro sem compreender as limitações da natureza humana. Fracassa em reformar porque esquece de se corrigir primeiro. Perde cada vez mais amigos, torna os amigos em inimigos, e torna-se impotente em meio ao deserto. A crescente amargura de sua alma reflete-se na aspereza de seu julgamento, e esta rispidez volta-se contra ele com fúria irônica.

DIRETRIZES DAS RELAÇÕES HUMANAS

Tendo discutido alguns dos obstáculos às relações humanas satisfatórias, estamos agora em posição de analisar sucintamente certas diretrizes. Aqui estão duas delas: (1) reação demorada; (2) espírito conciliador.

Muitos dos erros que cometemos ao lidar com as pessoas devem-se ao hábito das reações imediatas e impulsivas. Tendo agido de forma impulsiva, freqüentemente nos arrependemos depois e passamos pelo sofrimento irrevogável de ter prejudicado um bom relacionamento. Você conhece uma personalidade comovente por quem se sente atraído. Fica emocionalmente arrebatado a tal ponto que atende sem pensar muito ao pedido que ela lhe fez, ou faz uma promessa ou revelação, ou confia-lhe um segredo sobre si mesmo ou um amigo comum. Quando você se aperceber de que cometeu um erro, é tarde demais. Ao tomar as providências para corrigir a situação, você rompe o relacionamento com a pessoa. Se, no entanto, você decide nada fazer a respeito, ela deteriora o relacionamento por usar indevidamente uma informação que você lhe segredou, ou por tirar vantagem ilegal da promessa ou revelação que você fez. Num caso ou no outro houve danos irreparáveis.

Portanto, há grande necessidade de instruirmos as nossas mentes inconscientes para não agirem de maneira impulsiva e emocional. O princípio da reação demorada é útil. Quando uma decisão crítica tiver de ser tomada, é bom estar apto a pensar melhor a respeito. É em um momento mais tranqüilo, quando o raciocínio não estiver dominado pelos impulsos ou pelas emoções, que se pode decidir corretamente. Quando confrontados com uma solicitação ou exigência inesperadas, é proveitoso poder olhar a questão depois de algum tempo, ao invés de assumir um compromisso no ato. Quando envolvidos em situação provocativa, é sábio não reagir instantaneamente, e de modo temperamental. Ao perder a calma, a pessoa sempre enfraquece sua própria proteção e cai direto na armadilha do inimigo. Ou talvez ela distorça a crítica construtiva de um amigo autêntico e prejudique um belo relacionamento. A fim de evitar tais tragédias nos relacionamentos humanos, é desejável formar o hábito da reação demorada. Ao lidarmos com as pessoas – amigas, inimigas, ou desconhecidas – o amor e a compreensão têm de ser guiados pela razão, de forma que os impulsos e as emoções não possam tomar a dianteira. A prática regular da meditação é de grande ajuda em um treinamento autógeno como esse. A meditação é a arte de harmonizar o consciente e o inconsciente. Através dela, os impulsos e as emoções são cada vez mais harmonizados com a razão, e esta começa a perceber cada vez mais a importância dos diferentes impulsos e emoções.

O espírito conciliador é outra diretriz digna de nota. Se espera ter sucesso com os outros, a pessoa não pode exigir que as coisas saiam sempre a seu modo. Se alguém espera que os outros concordem com ele, deve estar preparado para ceder à vontade alheia de vez em quando, embora possa não gostar. O relacionamento humano é um tráfego de duas mãos. Temos que dar a fim de merecermos o direito de receber. Temos que fazer concessões aos outros a fim de obtermos o seu apoio e cooperação. Com relação a assuntos tais como os princípios morais essenciais, a felicidade geral ou a meta a ser atingida, é desejável ter a coragem da convicção e uma inexorável fortaleza de caráter. Mas, quanto a matérias de importância menor como a escolha entre as linhas de ação mais ou menos convenientes ou aconselháveis, é bom sentir a disposição das pessoas e aceitar a tendência dominante. Melhor dirige aquele que é guiado pelo bem-estar de todos os envolvidos. Ama melhor quem atende o amor de todos aqueles com quem está se relacionando. O espírito de conciliação combina em si as qualidades contrárias da força e da compaixão, da devoção inabalável e da obediência carinhosa. A fortaleza de caráter e a devoção aos princípios impedem que o espírito de conciliação degenere em rematado oportunismo. A preocupação afetuosa com o bem-estar de todos faria do espírito de conciliação um meio eficaz de cooperação produtiva, e não um instrumento tático de autoglorificação.

Uma clara compreensão do propósito supremo da existência e a devoção aos princípios básicos podem estabilizar o amor sobre um alicerce sólido. É o espírito do amor, enquanto autodoação espontânea e alegre, que pode unir os indivíduos em termos permanentes.

O amor exige profundidade e lealdade de sentimento; sem isso não se trata de amor, mas de mero capricho. O amor verdadeiro sempre irá comprometer-se e engajar-se em laços duradouros; ele precisa de liberdade apenas para realizar a escolha, não para a sua consumação. Todo amor verdadeiro e profundo é um sacrifício. Aquele que ama sacrifica todas as demais possibilidades, ou melhor, a ilusão de que tais possibilidades existem. Se este sacrifício não for feito, suas ilusões impedirão o desenvolvimento de qualquer sentimento profundo e responsável, de forma que a própria possibilidade de experimentar o amor verdadeiro ser-lhe-á negada.

C.G. Jung, ***Civilization in Transition***

JOHN MACMURRAY

RAZÃO E EMOÇÃO

Uma atração sexual mútua não é uma base adequada para o relacionamento humano entre um homem e uma mulher. É algo orgânico, não pessoal. O que é, então, a base apropriada? O amor entre duas pessoas quaisquer. O amor pode incluir ou não a atração sexual. Ele pode expressar-se pelo desejo sexual. Mas desejo sexual não é amor. O desejo é bastante compatível com o ódio, o desdém, ou a indiferença, porque ele trata o seu objeto não como pessoa mas como um meio para a sua própria satisfação.

Essa é a verdade contida na afirmativa de que fazer o que se gosta não é igual a fazer o que se deve.

Mas, observe, esse desejo mútuo em nada melhora a situação. Significa apenas que cada uma das duas pessoas envolvidas está tratando a outra como um meio de auto-satisfação. Um homem e uma mulher podem se querer apaixonadamente sem amarem um ao outro. Isso é real não só para o desejo sexual mas para todos os desejos. Um homem e uma mulher podem querer um ao outro por toda a sorte de motivos, não necessariamente sexuais, e fazer dessa vontade mútua a base do matrimônio, sem se amarem. E, insisto, esse desejo mútuo, seja ou não sexual, não é base indicada para um relacionamento humano entre eles. Não é base para uma amizade. É o desejo de tomar posse de outra pessoa para a satisfação das próprias necessidades; é atrever-se a reivindicar o direito sobre um outro ser humano – "Você me pertence!" Isso é impudico e imoral, uma clara invasão da integridade de um semelhante. E o fato do desejo e da alegação de posse serem mútuos não faz a mínima diferença. O amor mútuo é a única base para um relacionamento humano; as barganhas, alegações e promessas são tentativas de substituir algo mais; inserem falsidade e impudicícia no relacionamento. Nenhum ser humano pode ter direitos sobre outro, e ninguém pode atribuir a outrem direitos sobre si mesmo. Essa é uma das coisas das quais estou profundamente convencido.

Agora tomemos um outro aspecto. Só existe uma salvaguarda contra o auto-engano em face do desejo: a sinceridade emocional, ou a pureza. Nenhum princípio intelectual, nenhuma regra geral de raciocínio tem qualquer utilidade. Como pode um homem ou uma mulher saber se ama outra pessoa ou simplesmente a deseja? Somente através da integridade de sua vida emocional. Se eles têm o costume da falsidade na expressão dos seus sentimentos, serão incapazes de distinguir. Pensarão que amam quando apenas querem uma outra pessoa para si. O que, de modo geral, é conhecido como "estar apaixonado" é simplesmente achar-se nesta condição. Ela nos cega para a realidade dos outros; leva-nos a sermos inexatos quanto a suas virtudes, belezas, capacidades e assim por diante; priva-nos da faculdade de sentir honestamente e nos envolve em uma névoa de fantasia. Isso não é condição para um ser humano estar. Se você ama uma pessoa, você a ama em sua estrita realidade, e recusa-se a fechar os olhos a seus defeitos e erros, pois fazê-lo é fechar os olhos às necessidades dela.

A pureza, ou sinceridade emocional, é uma compreensão emocional da realidade. "Cair de amores" e "estar apaixonado" são invenções do sentimentalismo romântico, resultado inevitável do engodo, da simulação e da repressão de que sofremos. O amor não pode tolerar o engodo, a simulação ou a fantasia. Ele repousa apenas na realidade do amado, exige a integridade de seu objeto, pede que o amado seja ele mesmo para poder amá-lo pelo que ele é.

Em segundo lugar, entre dois seres humanos que se amam, o relacionamento sexual é uma das expressões possíveis do amor, bem como uma das possíveis cooperações do amor – mais íntima, mais básica, mais fértil em conseqüências internas e externas, porém, na essência, uma das expressões do amor, a princípio não fundamentalmente diferente de qualquer outra quanto ao uso. Não se trata de algo superior e sagrado, para venerarmos e dele orgulharmo-nos, nem de algo inferior e desprezível que nos cause vergonha. É uma simples função orgânica usual a ser utilizada como todas as demais para a expressão da personalidade a serviço do amor. Isso é muito importante. Se você a transformar em algo isolado a ser mantido segregado das funções habituais da vida, a ser citado apenas entre sussurros; se você a exaltar romanticamente ou degradá-la com sentimentos de desprezo (e se você fizer isto verá que está fazendo aquilo ao mesmo tempo; assim como colocar as mulheres em um pedestal é declarar sua inferioridade e, portanto, insultar sua humanidade); se você destacar o sexo dessa maneira como algo muito especial, maravilhoso e terrível, vai simplesmente exacerbá-lo e torná-lo incontrolável. Isso é o que a nossa sociedade tem feito. Ela produziu em nós uma condição crônica de exasperação bastante artificial. Há em nossa civilização uma vasta estrutura para a estimulação do sexo – roupas, filmes, peças teatrais, livros, propaganda e assim por diante. Eles alimentam em nós um estado de hipersensibilidade ao sexo, e como resultado disso nós superestimamos a força e a violência da sexualidade natural. O estimulante sexual mais poderoso é o esforço para reprimi-lo. Só existe uma cura – aceitá-lo de maneira simples, franca e natural no círculo das nossas atividades; e somente a pureza, a sinceridade habitual da vida emocional, habilita-nos a agir assim.

O sexo, então, deve estar incluído na vida da personalidade e ser uma expressão do amor, pois, ao contrário de todas as outras funções orgânicas, ele é essencialmente mútuo. Para ser puro, portanto, deve estar incluído na verdadeira união entre duas pessoas – na amizade essencial – e deve ser parte necessária naquela união. O ideal de pureza é muito elevado e difícil de ser obtido, exigindo uma união emocional entre o homem e a mulher que transcende o egoísmo e os desejos egoístas. Em uma união assim o sexo deixa de ser apetite – uma carência a ser satisfeita – e se torna um meio de comunhão, simples e natural. A auto-satisfação mútua é incompatível com a pureza, que requer a expressão de uma integração pessoal já assegurada. De fato, parece-me que somente quando uma tal união pela amizade chegou ao ponto de fechar-se a essa expressão, ela se torna completamente pura. Como duas pessoas podem saber que o seu amor requer uma tal expressão? Somente através da pureza mútua, de uma completa sinceridade emocional entre si. Só isso consegue ser a pedra de toque da realidade. E a norma da realidade no relacionamento das pessoas é esta: "a integridade das pessoas é inviolável. Você não deve usar alguém para atingir os seus próprios objetivos ou, na verdade, quaisquer objetivos, sejam eles individuais ou sociais. Usar uma outra pessoa é violar sua personalidade, transformando-a em um objeto; e, ao invadir a integridade de outrem, você invade a sua própria." Em todo prazer há uma opção entre ter prazer com o outro e deleitar-se a si próprio por meio do outro. O primeiro é o usufruto do amor, o segundo o da luxúria. Quando as pessoas se deleitam umas com as outras, trata-se meramente de concupiscência mútua. Elas não se conhecem como gente de forma alguma, sua realidade se perde. Elas se tocam como fantasmas de si mesmas, e o seu prazer é um prazer pálido que não consegue sequer começar a satisfazer uma alma humana, e que apenas invalida sua aptidão para a realidade.

O amante perguntou ao seu Amado se ainda havia Nele algo para ser amado. E o Amado respondeu que ele ainda tinha que amar aquilo que pudesse fazer crescer o seu próprio amor.

Ramon Lull
The Book of the Lover and the Beloved

J. KRISHNAMURTI

SOBRE O SEXO

Pergunta: Conhecemos o sexo como uma necessidade física e psicológica da qual não se pode fugir, e ele parece ser a causa primordial do caos da vida pessoal de nossa geração. De que modo podemos lidar com este problema?

Krishnamurti: Por que será que tudo aquilo em que tocamos transformamos em um problema? Fizemos de Deus um problema, fizemos do amor um problema, fizemos do relacionamento a vivência de um problema, e fizemos do sexo um problema. Por quê? Por que tudo o que fazemos é um problema, um horror? Por que sofremos? Por que o sexo se transformou em problema? Por que nos submetemos a viver com problemas, por que não acabamos com eles? Por que não morremos para os nossos problemas ao invés de carregá-los dia após dia, ano após ano? O sexo é certamente uma questão relevante, mas há uma pergunta anterior: por que fazemos da vida um problema? Trabalhar, fazer sexo, ganhar dinheiro, pensar, sentir, experimentar – vocês sabem, tudo o que representa viver – por que isso é um problema? Não será essencialmente porque sempre pensamos a partir de um ponto de vista particular, de um ponto de vista fixo? Estamos sempre pensando de um ponto central para a periferia, mas a periferia é o centro para a maioria de nós e, assim, tudo o que tocamos é superficial. Porém a vida não é superficial; ela exige que vivamos de forma completa, e, por estarmos vivendo apenas em superficialidade, só conhecemos a reação superficial. Seja o que for que façamos na periferia deve inevitavelmente criar um problema, e essa é a nossa vida: vivemos no superficial e estamos contentes por vivermos nele com todos os problemas que acarreta. Os problemas existem enquanto vivemos no superficial, na periferia, sendo esta o "eu" e suas sensações, que podem ser exteriorizadas ou permanecer subjetivas, que podem ser identificadas com o Universo, com o país ou com alguma outra coisa elaborada pela mente.

Enquanto vivermos no campo da mente, é óbvio que existirão complicações, problemas; isso é tudo o que conhecemos. A mente é sensação; é o resultado das sensações e reações acumuladas, e tudo o que ela tocar está fadado a criar miséria, confusão e problemas intermináveis. É ela a verdadeira razão dos nossos problemas; trabalha mecanicamente noite e dia, consciente e inconsciente. É algo muito superficial, e atravessamos gerações, passamos as nossas vidas inteiras cultivando-a, tornando-a mais esperta, mais aguda, mais astuciosa, mais desonesta e fraudulenta, e tudo isso é visível em cada atividade de nossa vida. A própria natureza de nossa mente é desonesta, fraudulenta, incapaz de encarar os fatos, e é isso o que cria os problemas; isso é que é o problema em si.

O que entendemos como sendo o problema do sexo? É o ato em si, ou é um conceito sobre o ato? Com certeza não é o ato. O ato sexual não é problema para vocês, não mais do que alimentar-se. Mas, se pensarem em se alimentar ou em outra coisa qualquer o dia inteiro, porque nada mais têm em que pensar, ele se torna um problema para vocês. O ato sexual é que é o problema ou o pensamento sobre o ato? Por que vocês pensam sobre isso? Por que vocês o alardeiam, o que, obviamente, estão fazendo? Os cinemas, as revistas, as novelas, o modo como as mulheres se vestem, tudo está alardeando suas opiniões sobre o sexo. Por que a mente faz alarde, por que afinal a mente pensa em sexo? Por quê? Por que isso se tornou um tema central em suas vidas? Quando existem tantas coisas chamando, pedindo sua atenção, vocês dedicam total atenção aos pensamentos sobre o sexo. O que está acontecendo, por que suas mentes se encontram tão ocupadas com isso? Porque esse é um meio de fuga supremo, não é? É um meio de completo auto-esquecimento. Por agora, ao menos nesse momento, vocês podem se esquecer de si mesmos – e não há outro modo de se esquecer de si. Tudo o mais que fizerem na vida enfatiza o "eu". Seus negócios, religião, deuses, governantes, ações políticas e econômicas, suas evasões, atividades sociais, adesão a um partido e rejeição a outro – tudo isso está enfatizando e fortalecendo o "eu". Isto é, só existe um ato onde não há ênfase no "eu", e, portanto, ele se torna um problema, não? Quando existe só uma coisa em suas vidas que é uma avenida para a fuga suprema, para o completo esquecimento de si mesmo nem que seja por alguns segundos, vocês se agarram a ela porque é o único momento em que são felizes. Qualquer outro tópico que abordarem se transforma em um pesadelo, fonte de dor e sofrimento; portanto vocês se apegam àquilo que proporciona completo auto-esquecimento, ao que chamam de felicidade. Mas, ao se apegarem a ela, esta também se transforma em pesadelo, porque então querem a liberdade, não desejam ser escravos. Assim vocês inventam, novamente, no nível mental, a idéia da pureza, do celibato, e tentam ser celibatários e castos por meio da repressão, e todas são operações da mente para se desligar do fato. Outra vez isso dá uma ênfase particular ao "eu" que está tentando ser algo e, de novo, vocês são surpreendidos pela dificuldade, pelos problemas, pelo esforço e pela dor.

O sexo se transforma em um problema extraordinariamente difícil e complexo na medida em que vocês não compreendem a mente que analisa o problema. O ato em si nunca se constitui em problema, porém o raciocínio a respeito do ato cria o problema. O ato vocês defendem; vivem licenciosamente, ou cedem ao casamento, e por meio dele transformam suas esposas em prostitutas, o que parece ser muito respeitável, e ficam satisfeitos com essa situação. Seguramente a questão só pode ser resolvida quando compreenderem todo o processo e a estrutura do "eu" e do "meu": minha esposa, meu filho, minha propriedade, meu carro, minha conquista, meu sucesso; até que entendam e resolvam tudo isso, o sexo continua sendo um problema. Na medida em que vocês forem ambiciosos, politicamente, religiosamente, ou de qualquer outro modo, na medida em que enfatizarem o "eu", o ser pensante, o ser que experimenta, insuflando-lhe ambição seja em seu próprio nome enquanto indivíduo, seja em nome do país, do partido ou de uma idéia que chamam de religião – na medida em que existir esta atividade de expansão do "eu", vocês terão um problema sexual. Por um lado vocês estão criando, nutrindo, expandido a si próprios, e por outro, estão tentando se esquecer de si mesmos, libertar-se mesmo que seja só por um momento. Como estes dois podem coexistir? Suas vidas são uma contradição; ênfase no "eu" e esquecimento do "eu". O sexo não é o problema; o problema é esta contradição em suas vidas; e a contradição não pode ser superada pela mente, porque a mente em si é uma contradição. A contradição só pode ser entendida quando vocês compreenderem totalmente o processo da existência quotidiana. Ir ao cinema e ver as mulheres na tela, ler livros que estimulam o pensamento, as revistas com suas figuras parcialmente despidas, o jeito de olhar para as mulheres, os olhos sub-reptícios que fitam os seus – todas estas coisas encorajam a mente, através de caminhos tortuosos, a enfatizar o "eu", e ao mesmo tempo vocês tentam ser gentis, carinhosos e ternos. As duas coisas não combinam. O homem que é ambicioso, espiritualmente, ou em outro sentido, nunca consegue estar sem problemas, porque estes apenas cessam quando o "eu" for esquecido, quando o "eu" não existir, e esse estado de não-existência do "eu" não é um ato de vontade, não é uma simples reação. O sexo se torna uma reação; quando a mente tenta resolver o problema, apenas deixa-o mais confuso, mais problemático, mais doloroso. O problema não é o ato, é a mente, que afirma que ele deve ser puro. A pureza não vem da mente. A mente consegue apenas reprimir as suas próprias atividades, e repressão não é pureza. Pureza não é virtude, não pode ser cultivada. O homem que estiver cultivando a humildade seguramente não é humilde; ele pode chamar o seu orgulho de humildade, mas é um homem orgulhoso, e é por isso que procura tornar-se humilde. O orgulho nunca consegue tornar-se humilde, e a pureza não é produto da mente – vocês não podem se tornar castos. Vocês conhecerão a pureza somente quando houver amor, e o amor não pertence à mente nem é um produto dela.

Portanto, o problema do sexo que tortura tantas pessoas no mundo todo não pode ser resolvido até que a mente seja compreendida. Não podemos pôr fim à atividade do pensamento, mas o pensamento acaba quando aquele que pensa cessa, e ele cessa apenas quando houver a compreensão do processo por inteiro. A ansiedade passa a existir quando há divisão entre o pensador e os seus pensamentos; só quando não há pensador é que inexiste conflito nos pensamentos. O que está implícito não exige esforço para ser compreendido. O pensador passa a existir por meio do pensamento; depois o pensador empenha-se em dar forma, em controlar os seus pensamentos ou acabar com eles. O pensador é uma entidade fictícia, uma ilusão da mente. Quando ocorre a percepção do pensamento como um fato, então não há necessidade de pensar sobre o fato. Se houver um percebimento simples, inevitável, então aquilo que está implícito no fato começa a se revelar. Portanto, o pensamento enquanto fato tem fim. Desta forma vocês verão que os problemas que estão consumindo seus corações e mentes, os problemas da sua estrutura social, podem ser resolvidos. Assim, sexo não é mais problema, ocupa o devido lugar, não é algo impuro, nem algo puro. O sexo tem o seu lugar; porém, quando a mente lhe atribui posição de destaque, então ele se torna um problema. A mente atribui ao sexo uma posição de destaque porque ela não consegue viver sem um pouco de felicidade, e, então, o sexo torna-se um problema; é quando a mente compreende todo o seu processo e, desse modo chega ao fim, que o pensamento cessa; então existe criação e essa criação é que nos faz felizes. Neste estado de criação há bem-aventurança, porque se trata da abnegação na qual não existe reação derivada do "eu". Isto não é uma resposta abstrata ao problema diário do sexo – é a única resposta. A mente nega o amor, e sem amor não existe pureza; é por não existir amor que vocês transformam o sexo em um problema.

Se o desejo de ser honesto for maior que o desejo de ser "bom" ou "mau", então o poder terrível dos nossos vícios revelar-se-á. E atrás do vício surgirá o temor (o temor de ser excluído da vida) e atrás do temor, a dor (a dor de não ser amado) e atrás desta dor do isolamento, o mais íntimo, o mais recôndito, o mais secreto de todos os desejos humanos: o desejo de amar e entregar-se em amor e fazer parte da corrente viva que chamamos de fraternidade. E no momento em que o amor é descoberto por detrás do ódio, todo ódio desaparece.

Fritz Kunkel
In Search of Maturity

VIKTOR E. FRANKL

A DESPERSONALIZAÇÃO DO SEXO

Quando falamos e pensamos no amor, devemos lembrar que ele é um fenômeno especificamente humano. Devemos cuidar para que ele seja preservado em sua humanidade, ao invés de ser tratado de forma reducionista. O reducionismo é um procedimento pseudocientífico que toma os fenômenos humanos e, ou os reduz, ou os deduz a partir de fenômenos inferiores ao homem. O amor, por exemplo, é freqüentemente interpretado de maneira reducionista, como mera sublimação dos impulsos e instintos sexuais que o homem compartilha com todos os outros animais. Tal interpretação bloqueia o real entendimento de todos os diversos fenômenos humanos.

Na verdade, o amor é aspecto de um fenômeno humano mais abrangente que vim a chamar de autotranscendência[(1)]. Com este termo desejo expressar que o ser humano sempre se relaciona e está orientado em direção a algo externo a si. O homem não está, como algumas teorias motivadoras da atualidade gostariam de nos fazer crer, preocupado basicamente em gratificar necessidades e satisfazer impulsos e instintos e, em assim procedendo, manter ou recuperar a homeostase, isto é, o equilíbrio interior, um estado sem tensões. Por mérito da qualidade de autotranscedência da realidade humana, o homem está preocupado basicamente em ir além de si mesmo, seja na direção de um significado que ele queira preencher, ou na direção de um outro ser humano a quem ele deseje encontrar no plano amoroso. Em outras palavras, a autotranscendência manifesta-se através do serviço a uma causa ou pelo amor a uma outra pessoa.

O encontro amoroso, no entanto, impede que se considere e se utilize outro ser humano como um meio para atingir um fim. Ele impede, por exemplo, que usemos alguém como um mero instrumento para reduzir as tensões provocadas e criadas pelos impulsos e instintos libidinosos ou agressivos. Tal atitude para com o parceiro é, de qualquer modo, uma distorção do sexo humano.

Isto se deve ao fato de que o *sexo humano é sempre mais do que simples sexo,* e é mais do que simples sexo precisamente na medida em que serve e funciona como a *expressão física de algo metassexual,* a saber, a expressão física do amor. E somente na medida em que o sexo desempenha esta função de corporificação, de encarnação do amor – apenas então ele também atinge o clímax de uma experiência verdadeiramente recompensadora. Assim, Maslow estava certo ao ter salientado que as pessoas que não sabem amar nunca extraem do sexo a mesma emoção como as que amam. E dentre aqueles fatores que mais contribuíram para enaltecer a potência ao grau mais elevado, segundo 20.000 leitores de uma revista americana de psicologia que responderam a um questionário sobre o assunto, estava o romantismo, quer dizer, algo que se aproxima do amor.

É claro que não há muita precisão em dizer que somente o sexo humano é mais do que mero sexo. Conforme Irenaeus Eibl-Eibesfeldt(2) evidenciou, em alguns vertebrados, o comportamento sexual serve à coesão grupal, e este é particularmente o caso dos primatas que vivem em bandos: assim, em determinados símios, a relação sexual às vezes supre de forma exclusiva uma finalidade social. Nos humanos, afirma Eibl-Eibesfeldt, não há dúvida de que a relação sexual serve à propagação da espécie, mas também à relação monogâmica entre os parceiros.

Porém, embora o amor seja um fenômeno humano por sua própria natureza, a humanidade do sexo é apenas o resultado de um processo de desenvolvimento – é o produto do amadurecimento progressivo(3). Comecemos com a diferenciação feita por Sigmund Freud entre a *finalidade* dos impulsos e instintos e o seu *objeto:* poder-se-ia dizer que a finalidade do sexo é a redução das tensões sexuais, ao passo que o seu objeto é o parceiro sexual. Porém, no meu modo de ver, isto só se aplica à sexualidade neurótica. Para a pessoa madura, o parceiro não é de forma alguma um "objeto"; a pessoa madura, ao contrário, vê nele um outro sujeito, um outro ser humano, em sua própria humanidade; e, se realmente o amar, até mesmo percebe nele uma outra *pessoa*, o que significa que o vê em sua singularidade – e só o amor capacita uma pessoa a captar outra pessoa nessa mesma singularidade que constitui a pessoalidade de um ser humano(4).

A promiscuidade é, por definição, exatamente o oposto de uma relação monogâmica. Um indivíduo que cede à promiscuidade não precisa considerar a singularidade de um parceiro e, portanto, não pode amá-lo. Uma vez que somente o sexo que esteja embutido no amor pode ser realmente recompensador e satisfatório, a qualidade da vida sexual de um tal indivíduo é inferior. Não é de admirar, então, que ele tente compensar esta falta de qualidade com a quantidade de atividade sexual. Isto, a seu turno, exige uma estimulação sempre mais variada e crescente, como a que é fornecida, por exemplo, pela pornografia.

Disto se poderia depreender que não somos perdoados de modo algum por glorificarmos tal fenômeno de massa como a promiscuidade e a pornografia, considerando-os algo progressivos; eles são antes regressivos; afinal, são sintomas de um retardamento que deve ter ocorrido na maturação sexual da pessoa.

Não devemos esquecer que o mito do sexo-pelo-prazer-do-sexo (ao invés de permitir que o sexo se torne a expressão física de algo metassexual), enquanto algo progressivo, é vendido e difundido pelas pessoas que sabem que isto é um negócio lucrativo. O que me intriga é o fato de a nova geração comprar não só o mito, mas também a hipocrisia que ele oculta. Em uma época como a nossa, em que a hipocrisia nos assuntos relativos a sexo é tão condenada, é estranho ver a hipocrisia daqueles que propagam uma certa *liberação de qualquer censura* passar despercebida. Será assim tão difícil reconhecer que sua real preocupação é a *liberdade ilimitada para ganhar dinheiro?* [(5)].

Mas não pode haver negócio bem sucedido a menos que exista uma necessidade substancial a ser atendida por este mesmo negócio. E, de fato, estamos presenciando, em nossa cultura atual, o que se poderia chamar de "inflação do sexo". Só podemos entender este fenômeno em oposição a um fundo muito amplo. Hoje em dia somos confrontados com um número sempre crescente de clientes que reclamam de uma sensação de ausência de significação, de vazio, vácuo interior, vazio *existencial,* como eu costumo chamá-lo. Isto se deve a dois fatos: em contraste com o animal, o homem não é informado pelos impulsos e instintos quanto ao que deve fazer; e, em contraste com o homem de tempos atrás, as tradições e os valores não lhe dizem mais o que deveria ser feito. Em nossos dias, ele, às vezes, não sabe mais o que realmente deseja.

É precisamente dentro deste vazio existencial que a libido sexual está se hipertrofiando. E é esta hipertrofia que provoca a "inflação do sexo". Como em qualquer espécie de inflação, por exemplo, a do mercado financeiro, a inflação sexual está associada à desvalorização. E o sexo está tão desvalorizado quanto está desumanizado. Assim, observamos a tendência atual de levar uma vida sexual que não esteja integrada na vida particular da pessoa, mas, ao contrário, orientada pelo prazer. A *despersonalização do sexo* é compreensível uma vez que a diagnostiquemos como sintoma daquilo que denomino *frustração existencial:* a frustração da procura de um sentido pelo homem.(7)

Essas são as causas; mas o que dizer dos efeitos? Quanto mais a procura de sentido de alguém for frustrada, mais o indivíduo embarca no que, desde a Declaração de Independência da América, tem sido chamado de "busca da felicidade." Em última análise, a busca pretende servir ao propósito da intoxicação e da estupefação. Mas, que tristeza, é a própria busca da felicidade que a condena ao fracasso. *A felicidade não pode ser perseguida porque ela deve seguir-se ao natural,* e ela só pode vir como resultado do viver a autotranscendência, a dedicação e a devoção para com a causa a ser servida, ou a pessoa a ser amada.

Em nenhum outro lugar esta verdade é mais perceptível do que no campo da felicidade sexual. *Quanto mais a transformarmos em um objetivo, tanto mais nos escapará.* Quanto mais um homem tentar demonstrar sua potência, mais propenso estará a tornar-se impotente; e quanto mais uma mulher tentar demonstrar a si mesma que é capaz de obter gozo completo, maior tendência terá a ser vítima de frigidez. E a maior parte dos casos de neurose sexual de que tomei conhecimento nas minhas muitas décadas de prática como psiquiatra pode ser facilmente atribuída a este estado de coisas.

Assim, a tentativa de curar tais casos tem de começar pela eliminação do caráter de exigência que o neurótico sexual geralmente imputa e atribui à realização sexual. Elaborei a técnica por meio da qual este tratamento pode ser implementado, em artigo publicado no *International Journal of Sexology*, em 1952[(8)]. O que desejo afirmar aqui, contudo, é o fato de que nossa cultura atual que, devido à motivação delineada acima, idolatra a realização sexual, contribui ainda mais com o caráter de exigência experimentado pelo neurótico sexual e, assim, com a sua neurose. O uso da pílula, que permitiu maior exigência e espontaneidade às parceiras, encorajou involuntariamente esta tendência. Autores americanos observam que o movimento de liberação feminina, por ter libertado as mulheres de antigos tabus e inibições, trouxe como uma de suas conseqüências que até mesmo as colegiais se tornaram muito mais exigentes quanto à sua satisfação sexual, reclamando-a de seus colegas de escola[(9)]. O resultado paradoxal foi uma nova série de problemas chamados de "impotência colegial" ou "a nova impotência".(*)

Os tabus e inibições vitorianos estão desaparecendo, e, à medida em que essa liberdade verdadeira vai sendo obtida, um passo à frente está sendo dado. Porém, a liberdade ameaça degenerar em mera permissão e arbitrariedade, a menos que seja vivenciada em termos de responsabilidade. É por isso que não canso de recomendar que a Estátua da Liberdade da Costa Leste seja complementada por uma Estátua da Responsabilidade na Costa Oeste.

Referências

1 Frankl, V.E., *Psychotherapy and Existentialism,* (Washington Square Press, Nova Iorque, 1967).
2 Eibl-Eibelsfeldt, I., *Frankfurther Allgemeine Zeitung,* 28 de fevereiro de 1970.
3 Frankl, V.E., *The Doctor and the Soul,* (Vintage Books, Nova Iorque, 1973).
4 ______ *Man's Search for Meaning,* (Pocket Books, Nova Iorque, 1963).
5 ______ "Encounter: The Concept and Its Vulgarization" *The Journal of the American Academy of Psychoanalysis,* 1 (1973): p.73.
6 ______ "The Feeling of Meaninglessness: A Challenge to Psychotherapy". *The American Journal of Psychoanalysis,* 32 (1972): p.85.
7 ______ *Sede de Sentido,* Quadrante, 087706-9 (código do catálogo).
8 ______ "The Pleasure Principle and Sexual Neurosis". *The International Journal of Sexology,* 5 (1952): p.128.
9 Ginsberg, G.L., Frosch, W.A. and Shapiro, T., "The New Impotence", Arch.Gen. *Psychiat.,* 26 (1972): p.218.

(*) Konrad Lorenz mostrou não ser somente entre os humanos que o caráter de exigência ou, no que diz respeito ao assunto, a agressividade sexual por parte da fêmea pode resultar na impotência do macho, isto ocorre também entre os animais. Existe uma espécie de peixe cujas fêmeas costumam nadar "de modo faceiro" para longe dos machos em busca de acasalamento. Todavia, Lorenz conseguiu treinar uma fêmea a fazer o oposto – aproximar-se à força do macho. A reação deste? Exatamente a que suspeitaríamos que um colegial demonstrasse: completa incapacidade de concluir a relação sexual!

série de problemas chamados de "impotência conjugal" ou nova impotência".

Os [illegible]

[illegible]

O número de divórcios nos Estados Unidos tem sido atribuído em vários termos ao casamento na adolescência, ao casamento tardio, à experiência sexual antes do matrimônio, à falta de experiência sexual, ao declínio da influência religiosa, ao puritanismo residual, à exaltação do divórcio e até mesmo ao automóvel. Mas nossa análise sugere uma resposta diferente, talvez surpreendente: os matrimônios americanos são instáveis porque os americanos casam-se por amor.

Gail and Snell Putney

SCOTT MINERS

DIVÓRCIO E SEPARAÇÃO

O amor entre os sexos tem sido considerado como uma expressão do amor divino desde o tempo dos *Vedas*, aqueles antigos e venerados textos indianos que datam do ano 1500 a.C. Conforme sugerido pela tradição dos *Vedas*, este mundo em que vivemos é um reflexo, "uma imagem da realidade, o eterno, infinito, imutável Uno espelhado no mundo temporal, finito, mutável." (Griffiths, 1982). Tudo o que acontece no mundo, também deve existir de algum modo naquele Uno. O amor que existe entre homens e mulheres, pais e filhos, entre amigos, é um aspecto do amor divino. A natureza divina é vista, portanto, como algo que tudo permeia. Por esta razão o amor e o sexo têm sido vistos como reflexos do amor divino, e eu sugiro que essa é a razão pela qual os seres humanos são capazes de experimentar um amor mais intenso, mais profundo e até mesmo místico – um sentimento onde se encontram o humano e o divino. Contudo, para um relacionamento saudável, é essencial ter a expectativa de doar este amor mais do que recebê-lo (Fromm, 1963).

Um conceito relacionado a isso, empregado na tradição hindu, é o de que não existe separação real: o que parece estar separado é *maya*, ou ilusão. Todas as coisas estão interligadas. As formas que vemos são fluidas, *maya* sempre cambiante. Uma relação, embora tenha terminado para todos os fins práticos, é mantida viva em um nível mais profundo, uma vez que pode viver na mente e nas emoções das partes envolvidas. No sistema da *yoga* de Patañjali, o conjunto de pensamentos e ações acumulados em qualquer relacionamento é denominado *karma*. No Budismo, o termo *skandha* descreve o grupo de atributos que portamos conosco. Em um ou outro caso, este *karma*, conforme descrito por Patañjali, é constituído por marcas que penetram no inconsciente através de pensamentos, atos e emoções. Diz-se que eles se unem por ocasião do nascimento do ser humano e fazem parte de sua personalidade (Taimni, 1968). Quando estes conceitos são postos lado a lado, indicam que um relacionamento também acontece em planos além do físico.

Esta visão oriental igualmente indica que um ser humano é transcendido por algo na vida que é causal e imanente, um princípio divino. Ela evoca a figura do homem como alguém que é parte do divino em seu âmago. Como diriam os hindus, *Brahman* (a Derradeira Realidade) tudo permeia. De fato, o aspecto mais importante da visão de mundo oriental é a consciência da unidade e inter-relação de todos os fenômenos da Natureza, humanos e outros. *Yoga* na verdade significa união com esta Realidade, tanto por já estarmos assim unidos, quanto por devermos tentar conscientizar-nos desta união através dos seus métodos, como a meditação. Desse modo surge o conselho dos *Upanishads* para amarmos não tanto o marido ou a mulher, quanto o divino que eles trazem no íntimo. De fato, diz-se que a iluminação pode ser alcançada através deste relacionamento:

> Assim como um homem, quando envolto no abraço da esposa amada, nada sabe do que sucede dentro ou fora, também esta pessoa, quando envolta no abraço de *Ātman*, nada sabe do que se passa dentro ou fora.
>
> *Upanishad Brihadaranyaka*. 4.3.21.

Parece que hoje muitas pessoas terminam relacionamentos por motivos que, em retrospectiva, parecem menores. Os casais divorciam-se devido ao que inicialmente foi um conflito menor ou mera diferença de opinião. Alguns lamentam ter-se divorciado pois, mais tarde, percebem tê-lo feito em um momento em que seu raciocínio estava confuso, quando estavam com raiva um do outro ou decepcionados de alguma maneira. De fato, os relacionamentos matrimoniais são difíceis. Certa vez um humorista escreveu que "durante vinte anos minha esposa e eu vivemos o êxtase da felicidade... e então nos conhecemos." Contudo, este rompimento dos casais unidos pelo matrimônio, ao final, cria ansiedade. Existe falta de compreensão, existe ódio. Alguns correm para terceiros em busca de apoio e contam todos os defeitos do seu cônjuge, e nasce o ódio. Há sentimentos feridos. Quando as partes não resolvem seu conflito, este mantém uma energia própria que afeta tanto os outros quanto aqueles diretamente envolvidos. O conceito de *karma* concebe que o saldo do relacionamento incompleto continua a produzir efeito.

Um aspecto notável do divórcio e dos divórcios múltiplos é que as pessoas tendem a imaginar que no próximo casamento o parceiro preencherá todos os seus desejos e necessidades. Porém, como indica Seikan Hasagawa, não devemos dedicar tanto tempo à escolha do melhor parceiro. Em vez disso, devemos empregar o tempo transformando o relacionamento em algo onde cada uma das pessoas experimente um crescimento consciente e espiritual. Portanto, o parceiro deve ser visto como um amigo confiável e não como um adversário (Hagasawa, 1977). Os desafios, os obstáculos, apontam inadequações da pessoa e, portanto, uma oportunidade de superar as limitações ao crescimento.

É certo que às vezes é melhor as pessoas seguirem caminhos separados. Muitas vezes um relacionamento pode ser difícil demais para ser suportado. Precisamos ser racionais quanto a isso e usar o bom-senso. Não parece sensato continuar um relacionamento com alguém que seja mental ou fisicamente cruel ou que, por outro lado, aja de modo agressivo, prejudicial a maior parte do tempo, ou com certo grau de persistência. Nem é razoável continuar um relacionamento com alguém que não seja fiel. Aqui, entretanto, a discussão dirá respeito àquelas pessoas interessadas em resolverem os seus conflitos, a razão declarando ser este um curso de ação prudente e desejável.

Compaixão

A raiz da palavra divórcio é "desviar", e em sentido literal significa "separar". Nesta acepção, sempre que houver separação ou desvio, ocorre o divórcio. Contudo, divórcio hoje conota a dissolução do casamento, e isto geralmente se deve a alguma incompatibilidade que os parceiros julgam insolúvel. Este tipo de dissolução ocorre, na maioria das vezes, por razões outras que não a compaixão por outra pessoa, embora haja muitos casos onde as partes concordam mutuamente com todos os aspectos da separação.

Muitas separações acontecem, por outro lado, devido a um sentimento de animosidade ou intenso desgosto e ódio. É uma pena, porque os efeitos de tal comportamento são prejudiciais a outros além dos membros do casal. Quando há crianças envolvidas, suas naturezas sensíveis são agredidas por estas emoções violentas dos pais e, uma vez que elas não as compreendem, sentem-se culpadas e ainda perdem sua autoconfiança. Se os parceiros pudessem agir com verdadeira compaixão pelos demais, este comportamento negativo nunca surgiria na mente e, portanto, jamais seria manifestado.

Devido à atração entre as pessoas de sexos opostos, uma grande dose de prazer tem origem e é antevista no relacionamento. Como afirmou George Bernard Shaw (*Getting Married*): "Quando duas pessoas se encontram sob a influência da mais violenta, da mais louca, da mais ilusória e mais efêmera das paixões, são solicitadas a jurar que continuarão naquela situação alterada, anormal e exaustiva infinitamente até que a morte as separe." Esta declaração distorcida possui um fundo de verdade. Uma das grandes pressões da vida de casado surge quando não se verifica o prazer que era esperado. O parceiro chega a ser visto como alguém com quem haverá conflito, e o conflito não é algo prazeroso. Porém, se houver um sentimento generalizado de compaixão pelos demais, e pouco egoísmo ou egolatria, parece que estes conflitos menores poderão ser resolvidos com mais facilidade. Todavia, eles devem ser enfrentados. Não desaparecerão, exceto depois de muito tempo, a menos que sejam resolvidos.

Em certo sentido, a compaixão pelos outros surge do estar consciente de que todo mundo tem dificuldades na vida. Não existe alguém que seja completamente feliz o tempo inteiro; algumas pessoas são geralmente mais felizes do que outras, mas até mesmo a sua felicidade é passageira. Como disse o instrutor tibetano Geshe Kelsang Gyatso, quando se observa a efêmera felicidade dos demais, conscientizamo-nos de que, enfim, todos os seres humanos devem sofrer muitas frustrações (Gyatso, 1980). Existem muitos temores que devem ser resolvidos por cada um de nós – o temor do conflito, o de não se obter o que se quer, da perda do prazer, e até o temor da morte. Se isto for lembrado, pode ser mais fácil a compaixão pelos outros. Se houver um conflito com o marido ou a esposa, este tipo de sentimento compassivo pode ajudar a resolvê-lo.

Podemos treinar-nos a reagir com compaixão. Contudo, assim como uma semente lançada ao solo não se transformará em uma planta perfeitamente desenvolvida da noite para o dia, também a nossa transformação requer algum tempo. Com a prática, só é preciso um momento de reflexão, uma meditação instantânea, para gerar o sentimento de compaixão. Este sentimento então afetará o modo como controlamos as situações. Esta idéia de compaixão está belamente expressa em um *sūtra* do Budismo *Mahayana*, (Suzuki, 1963):

> Quando o filho único de uma boa família adoece, os pais também caem doentes: quando se recupera, eles se sentem bem outra vez. Assim é com o *Bodhisattva* (o Iluminado). Ele ama todos os seres sensíveis como se fossem seus próprios filhos. Quando eles adoecem, ele adoece. Quando se recuperam, ele também se recupera. Quereis saber de onde vem esta enfermidade (solidária)? A doença do *Bodhisattva* vem de seu amor que a todos envolve (*mahakaruna*).

Conflitos menores não assumem maiores proporções quando são motivados por esta espécie de compaixão. Há vários métodos para criar compaixão delineados nos textos do Budismo *Mahayana*, tantos que excedem em muito os propósitos deste artigo, mas na base de todos eles existe a intenção de levar em conta o bem-estar dos demais. Na verdade, neste sistema devemos nos submeter a uma extensa prática de polimento das arestas de nossa natureza antes de atingirmos o estado do budado supremo (descoberta do nosso verdadeiro Eu). De maneira interessante, assim como as nossas próprias atitudes e reações mudam, o outro pólo do relacionamento, isto é, o do cônjuge, também mudará. Contudo, uma vez mais, a doutrina do *karma* desempenha aqui um importante papel; ou seja, nós colhemos o que plantamos.

O caminho da perfeição é árduo. Os padrões do *karma* e as predisposições podem vir a ser fortes obstáculos. É necessário muito acúmulo de méritos, bem como incansável esforço pessoal para erradicar os aspectos negativos de uma personalidade. Como aponta o eminente sábio budista D.T. Suzuki (1963):

> Isto só pode ser obtido através do *karma* de boas ações incansavelmente praticadas através de muitas gerações. Cada ato individual de bondade que protagonizamos hoje permanece gravado com rigorosa precisão nos anais da evolução humana, e é significativo o ganho para a causa da retidão. Ao contrário, toda ação de má-vontade, todo pensamento de auto exaltação... é um empecilho à perfeição da humanidade... Mais tarde o Budismo esmerou-se em representar... os resultados concretos do bom e do mau *karma*, e tenta mostrar em que direção os seus seguidores devem exercitar sua energia espiritual.

Raiva

Talvez a raiva de alguém e a de seu parceiro seja o aspecto mais difícil de enfrentar em um relacionamento. A raiva pode ser muito perigosa. É uma energia destrutiva que pode arruinar os relacionamentos por meio da manifestação externa violenta; se reprimida, pode destruir a saúde natural. Ela encobre o raciocínio e nos torna repulsivos aos outros.

Muitos dizem que é bom expressar a raiva. Talvez esta atitude seja uma reação à descoberta de que a raiva reprimida é causa de muitas enfermidades, tanto físicas quanto psicológicas. É mais provável, todavia, que, ao ser expressa, a raiva torne-se apenas mais forte. Os estóicos asseguravam que, ao cedermos a ela, a raiva cresce. Possivelmente sua visão teve origem na noção oriental de que o *samskara*, ou vórtice de energia correspondente no campo emocional da pessoa, recebe mais energia cada vez que se produz e se reage com raiva. Além disso, se a raiva for manifestada, é muito provável que ela provoque uma reação irada, e então duas pessoas ficarão zangadas uma com a outra, podendo causar diversas conseqüências desastrosas.

Em seu trabalho intitulado "Fields and their Clinical Implications" (Os Campos de Atuação e suas Implicações Clínicas), Dora Kunz e Erik Peper (1983) sustentam que, ao passo que o amor é pacífico e tranqüilo e tende a trazer à tona uma ligação energética de franqueza entre as pessoas, a raiva "está mais inclinada a bloquear e excluir a outra pessoa, porque o receptor tende a reagir da mesma forma, e assim uma barreira é levantada." Estes autores recomendam então "estratégias para reduzir o impacto e a manifestação da raiva." Quando sentirmos a raiva crescendo, podemos deslocar a nossa atenção para alguém com quem tenhamos um relacionamento carinhoso. Isto permite produzir um calor afetuoso, e podemos deixar este amor fluir por instantes. Neste rápido processo, podemos enxergar o motivo da raiva com mais clareza e talvez alterar nosso sentimento em relação à pessoa com quem estamos zangados. Isto também nos permite ver que temos a capacidade de diminuir nossas próprias reações de ira.

Neste processo não ocorre a repressão da raiva; ela é admitida, reconhecida – não dizemos "estou zangado", quando na verdade estamos – e também não há manifestação da raiva. Sua energia se dissipa à medida que as nossas emoções passam de hostis para afetuosas. Logicamente isto é um desafio. É difícil ser compassivo e afetuoso se alguém estiver tirando vantagem de nós, e, em alguns casos, talvez não devêssemos parar com isso e sim confrontar a injustiça, ao mesmo tempo tentando manter a mente compassiva.

Se uma outra pessoa estiver zangada, um bom meio de tentar ficar compassivo com relação a ele ou ela é recordar o momento em que a nossa própria raiva dominava nossas emoções. Alguém zangado conosco realmente necessita da nossa compaixão e paciência, talvez mais do que nunca. Se devolvermos a raiva, o atrito apenas aumentará. Depois de a raiva manifestar-se, sentir-nos-emos esgotados, com o julgamento encoberto. Mas, se pudermos deslocar nossa atenção, a situação pode ser vista sob melhor perspectiva. Podemos ser capazes de ver que a pessoa zangada está com problemas de algum tipo.

É difícil, contudo, não reagir à raiva de alguém. Às vezes, talvez, precisemos refletir sobre a situação em um lugar calmo. Seria útil empregarmos a técnica de Kunz e Peper novamente e pensarmos em uma pessoa por quem tenhamos sentimentos afetuosos e ternos. Isto ajudará a recolocar nossas emoções em estado tranqüilo, pacífico. Depois podemos tentar visualizar a pessoa com quem estamos ressentidos. Mas, se a imagem trouxer de volta uma sensação de ressentimento, devemos esquecê-la e novamente imaginar alguém que amamos e permitir que esse sentimento nos invada. Devemos repetir a visualização até que consigamos visualizar a pessoa de quem nos ressentimos de uma nova maneira, com um sentimento de compaixão. É muito útil aprender a irradiar amor a outrem deliberadamente. Gera uma energia real e produz efeitos. Um método de criar amor e compaixão foi explorado acima – ver que os outros só têm uma felicidade passageira na vida, enquanto ao mesmo tempo passam por muitas frustrações e ansiedades.

A raiva e a compaixão, é claro, são apenas dois aspectos dos relacionamentos. Existem muitos outros a serem explorados, tais como a paciência, a generosidade, o altruísmo e a alegria. Entretanto, a raiva e a compaixão são aspectos seminais nos relacionamentos, e o conhecimento da dinâmica destas duas emoções básicas pode preparar uma base sólida para qualquer relacionamento duradouro.

Um, Não Dois

> Um todo rege os que se movem e os que não se movem, o que caminha e o que voa, esta variegada criação.
>
> *Rig Veda* III. 54.8

Talvez uma das teorias mais fortes sustentadas pelo mundo cristão seja o conselho de Jesus de "não permitir que se separe o que Deus uniu." Uma conseqüência para isto é a declaração de que dois tornar-se-ão um. É possível ver que ninguém pode separar o que Deus uniu, que a vida inteira é uma só, e talvez uma interpretação válida da afirmação de Jesus seja: "Não penseis que sois independentes uns dos outros; quando agirdes contra alguém, agireis contra vós mesmos; quando amardes alguém, amareis a vós mesmos." Não é possível agir sem afetar os outros. Em um relacionamento forte, muitas pessoas sentem fortalecimento mútuo, um tornar-se uno, ou a sensação quase mística de unidade. Isto se assemelha muito ao *Upanishad* referido anteriormente, no que diz respeito ao divino no marido ou na esposa.

O termo sânscrito *advaita* refere-se ao termo hindu "não-dual". Ele transmite a idéia de que o Universo é permeado por uma Imanência divina *(Brahman)*. Conforme vimos, todas as coisas aparentemente desconexas do mundo estão ligadas por esta Imanência, que é o fundamento da existência. Este conceito está refletido na explicação cristã do Pai celestial, ou o Cristo místico – o "Filho" que tudo permeia, a árvore da qual nós somos os galhos. No Budismo, o termo *advaita* refere-se ao mesmo conceito, "não-dual". O conceito da vida una, por conseguinte, é universal, aparecendo em muitas religiões.

O que nos impede de ver esta vida una? As antigas tradições dizem ser o nosso egoísmo. Queremos realizar os nossos desejos e estamos preocupados basicamente com as nossas próprias necessidades. Contudo, se vivêssemos como se os dois fossem partes do Uno, estaríamos mais preocupados com o bem-estar dos outros. Seríamos menos apegados aos nossos relacionamentos íntimos e veríamos o marido ou a esposa mais nítida e compassivamente.

Praticando métodos para criar a compaixão e diminuir a raiva, podemos ajudar a garantir que os nossos relacionamentos íntimos serão mais felizes. Esta experiência nos habilitará a viver com maior paz interior, bem como a manifestar amor e compaixão de modo mais universal.

Referências

01 Fromm, Erik. *A Arte de Amar.* Belo Horizonte, Itatiaia, 1966.

02 Griffiths, Bede. *The Marriage of East and West.* Springfield: Templegate, 1982.

03 Gyatso, Kelsang. *Meaningful to Behold: A Commentary on Shantideva's Boddhisattvacharyavatara.* Cumbria, Inglaterra: Wisdom Publications, 1980.

04 Hasagawa, Seikan. *Essays on Marriage.* Los Angeles: J.P. Tarcher, 1977.

05 Kunz, Dora, e Peper, Erik. "Fields and Their Clinical Implications, Parte III – Anger and How it Affects Human Interactions". Em *The American Theosophist,* junho, 1963.

06 Suzuki, D.T. *Outlines of Mahayana Buddhism.* Nova Iorque: Schocken, 1963, primeira publicação em 1907.

07 Taimni, I. K. *A Ciência da Yoga.* Publicação do Grupo Annie Besant (Sociedade Teosófica)

Vinde todos a mim afinal,
Não existe amor como o meu;
Pois qualquer outro amor recebe a um e não a outro;
E outro amor significa dor, mas este é eterna alegria.

Edward Carpenter,
"Over the Great City"

PITIRIM A. SOROKIN

A MISTERIOSA ENERGIA DO AMOR

I

Em décadas recentes, a ciência abriu diversos novos campos de atuação para sua exploração e uso. As investigações no mundo subatômico e o aproveitamento da energia atômica são apenas dois exemplos destas aventuras. Talvez o último reino a ser explorado seja o misterioso domínio do amor altruístico. Embora esteja agora no início, é provável que o seu estudo científico torne-se uma área da maior importância para futuras pesquisas: o tópico do amor inegoísta já foi colocado na agenda de hoje da história, e está para se transformar em seu assunto principal.

Antes da Primeira Guerra Mundial e das catástrofes mais recentes do nosso tempo, a ciência evitou em muito este campo. Pensava-se que os fenômenos do amor altruístico pertenciam à religião e à ética mais do que à ciência. Eles eram considerados bons temas para pregação mas não para a pesquisa e o ensino. Além do mais, a ciência de antes da guerra estava muito mais interessada no estudo dos criminosos do que no dos santos, dos loucos mais que no dos gênios, da luta pela sobrevivência mais que no do auxílio mútuo, e do ódio e do egoísmo mais que no da compaixão e do amor.

A explosão dos gigantescos desastres após 1914 e o perigo iminente de uma nova guerra suicida promoveram uma alteração radical na situação. Estas calamidades deram um impulso ao estudo científico do amor inegoísta. Elas também levaram a revisões básicas de muitas teorias até agora tidas como científicas, especialmente aquelas que tratavam das causas e dos meios de evitar as guerras, as revoluções e o crime.

Dentre outras coisas, estas revisões mostraram que, sem o reforço da energia do amor inegoísta, todas as receitas da moda para a eliminação destes males da humanidade não logram cumprir sua tarefa. Esta conclusão também se aplica a todas as prescrições que tentam impedir conflitos por meios puramente políticos, educacionais, ou supostamente religiosos, econômicos, ou até militares. Por exemplo, podemos gostar de imaginar que, se amanhã todos os governos do mundo se tornarem democráticos, teremos por fim uma paz duradoura e uma ordem social sem crimes. Contudo, estudos meticulosos recentes sobre a criminalidade comparativa de 967 guerras e 1629 distúrbios internos da história da Grécia, de Roma e dos países ocidentais, desde 600 a.C. até os dias de hoje, mostram que as democracias dificilmente foram menos beligerantes, turbulentas e repletas de crimes, que as autocracias.(*)

(*) Quando o autor se refere ao período pós-guerra e aos estudos recentes, deve-se ter em mente que este artigo foi escrito em setembro de 1958. (N.T.)

O mesmo vale para a educação em sua forma atual como uma panacéia contra as guerras internacionais, as guerras civis e os crimes. Desde o século X até hoje, a educação tem feito enorme progresso. A quantidade de escolas de todos os tipos, o percentual de alfabetizados e o número de descobertas e invenções científicas aumentaram muito. Contudo, a quantidade e a mortalidade das guerras, das revoluções sangrentas e dos crimes graves não diminuiu de forma alguma. Ao contrário, neste século XX, o mais científico e mais educado, elas atingiram um apogeu incomparável e fizeram deste o mais sangrento dos últimos vinte e cinco séculos da história greco-romana e ocidental.

De modo semelhante, o tremendo progresso do conhecimento e a sujeição de todas as formas de energia física não proporcionaram ao homem uma paz duradoura. Antes, eles aumentaram muito as suas chances de ser destruídos em todas as formas de conflitos humanos.

Até mesmo a religião superficial – puramente verbalista e ritualística – não ajuda muito nesta tarefa, se uma tal religião "cômoda" não for implementada por gestos de amor altruísta. Jesus, São Tiago e São Paulo afirmaram muito corretamente que "a fé sem obras é morta", e que "em Jesus, nem a circuncisão tem valor, nem a incircuncisão, mas a fé agindo pela caridade(*) Como a prática sistemática dos mandamentos do amor é bem mais difícil que a mera profissão de fé "verbal-ritualística", as pessoas verdadeiramente religiosas, que praticam sem cessar os seus preceitos morais, sempre têm constituído uma minoria insignificante em qualquer grupo religioso. Dentre milhões de cristãos, poucos

---

(*) *Gálatas* 5:6. (N.T.)

são os que praticam regularmente tais mandamentos do Sermão da Montanha como: "amai os vossos inimigos, fazei o bem aos que vos odeiam", "a quem te ferir a face, oferece a outra"(*) ou a maioria dos demais preceitos deste Sermão. O mesmo se aplica aos adeptos de outras religiões que possuem milhões e milhões de membros. Quando investigamos setenta e três individuos convertidos por um evangelista popular, descobrimos que apenas um desses "convertidos em massa" tinha alterado de modo tangível seu comportamento público em direção altruísta. Esta profunda divergência entre os nobres ensinamentos e as práticas ignóbeis explica os modestos resultados das religiões quanto à prevenção das guerras. Como esta divergência parece estar aumentando nos últimos séculos, existe pouca chance de que as religiões verbalistas alcancem este objetivo no futuro.

Por último, o mesmo deve ser dito de outras receitas "mágicas" para a eliminação das formas mortais dos conflitos sociais. Tampouco qualquer instituição das economias comunistas, socialistas ou capitalistas pode concretizar esta tarefa porque nenhuma das sociedades históricas com estes tipos de economia ficou isenta dessa guerra. Nem mais auspiciosas são as crenças no estabelecimento de uma paz duradoura – internacional e interna – através de uma "retaliação maciça" por instrumentos de guerra nucleares ou "de última geração". Praticada durante milênios, esta política da "paz pelo poder" ou, conforme os romanos *si vis pacem para bellum* (se quereis a paz, preparai a guerra), não trouxe à humanidade sequer períodos de paz razoavelmente longos. Estudos recentes mostram que, na média, a incidência de guerra ocorria entre cada dois a quatro anos na história greco-romana e euro-ame-

---

(*) Lucas 6, 27,29. (N.T.)

ricana, enquanto os distúrbios internacionais importantes aconteciam entre cada cinco a dezessete anos nestes países. Finalmente, os mesmos estudos revelaram o fato de que cada vez que um artefato de guerra mais mortífero era inventado, a extensão, a destrutividade e a quantidade de mortos, feridos e desaparecidos aumentavam em vez de diminuir. Estes fatos "sinistros" demonstram suficientemente bem a desesperança destas políticas em atingirem uma paz duradoura.

Resumindo: a lição inesquecível proporcionada pelas catástrofes deste século mostra de maneira convincente que sem a crescente "produção, acumulação e circulação" da energia do amor altruísta, nenhum dos demais meios conseguirá impedir as futuras guerras suicidas, nem estabelecer uma ordem harmoniosa no universo humano. As misteriosas forças da história parecem ter dado um ultimato ao homem: pereçam por suas próprias mãos, ou se elevem a um nível moral mais alto pela graça do amor criador. Esta situação explica porque está se iniciando agora um estudo sério desta energia, e porque ela tem a probabilidade de vir a ser um importante campo de pesquisa no futuro.

II

"Tudo isso pode ser verdade", dizem-me com freqüência os amigos céticos, "mas onde estão as provas de que esta energia do amor funciona? E se funciona, como podemos aumentar sua produção, acumulação e circulação no mundo dos homens?" Minha resposta a estas questões difíceis é a seguinte: O nosso conhecimento existente sobre esta energia é, por enquanto, quase desprezível. O nosso *know-how* sobre a sua produção e utilização eficientes também é muito escasso. E, no entanto, este conhecimento precário e *know-how* insignificantes são suficientes para justificar a hipótese de que esta "virtude do amor" seja uma das três energias superiores conhecidas pelo homem (junto com as da verdade e da beleza).

Esta energia ou força é diferente de e irredutível às quantidades mensuráveis da Física, denominadas "peso", "trabalho", "força" e "energia". As suas propriedades são antes qualitativas que quantitativas. Até o momento não possuímos qualquer "unidade" desta energia (como o *erg* "unidade de trabalho" da Física) para medi-la com exatidão. Só conseguimos avaliar a grosso modo quando a sua (a) intensidade, (b) amplitude, (c) pureza, (d) duração e (e) adequação são "notadamente maiores ou menores". Se estas propriedades (a,b,c,d,e) forem chamadas de "as dimensões do amor", estas "dimensões" novamente diferem das dimensões do "peso" ou "energia" da Física, expressas nas fórmulas: (MLT^2 e ML^2T^2). Também não sabemos se a lei da conservação da energia e outros princípios da Física são aplicáveis à energia do amor. O termo "energia" está aqui empregado em seu sentido genérico, como "capacidade de produzir trabalho ou resultado".

Nos seres humanos esta energia opera produzindo as experiências íntimas variadas e complexas chamadas de empatia, solidariedade, delicadeza, compaixão, admiração, benevolência, respeito, afeto, amizade e amor. No mundo das relações humanas, ela aparece em todas as situações em que uma outra pessoa é tratada como um valor-em-si, não como *um meio* visando um objetivo qualquer. No plano social o amor atua em todas as interações entre duas ou mais pessoas onde os valiosos anseios e aspirações de uma são compartilhados e incentivados (a se realizarem) por outras. Por conseguinte, todas as atitudes e relacionamentos deste tipo podem ser considerados "operações" da energia do amor em diferentes graus de pureza, intensidade, duração e adequação.

Potencialmente a energia do amor é uma força tremendamente criativa e recreativa. Quando bem conhecida, tratada com respeito e aplicada com sabedoria, ela pode ajudar substancialmente a livrar a humanidade de seus males mais graves: a guerra, o crime, a loucura, a miséria e a perversidade.

Durante estas últimas décadas, a Biologia, a Psicologia, a Sociologia e outros ramos da ciência convergiram firmemente para este ponto de vista. Seu conjunto de evidências em vertiginoso crescimento demonstra, primeiro, que a energia do amor é indispensável para a geração, a continuidade e o crescimento das formas vivas, para a sobrevivência e a multiplicação das espécies, e para a manutenção da saúde e da integridade especialmente dos indivíduos humanos. Assim, a Biologia contemporânea informa-nos que, sem um mínimo de cooperação e auxílio mútuo entre os pais e a prole, nem a multiplicação nem a sobrevivência dos organismos uni ou pluricelulares é possível. Isto é particularmente real no que diz respeito aos seres humanos. O desamparo do recém-nascido leva-o à morte certa caso não seja cuidado por muitos anos de sua infância. O papel decisivo do amor heterossexual na procriação e educação dos seres humanos normais precisa apenas ser lembrado para mostrar "as operações" da energia do amor neste assunto vital.

Os fenômenos do suicídio revelam estas "atividades" a sua própria maneira. O principal fator do assim chamado suicídio "egoísta" e "anômico" é a completa solidão de sua vítima, em especial quando for provocada pelo rompimento súbito dos seus laços sociais íntimos. Aqueles que não se sentem amados por alguém e que não amam são os primeiros candidatos à morte. A melhor prevenção para isso, portanto, é libertar-se do aprisionamento da própria "concha", amando e sendo amado pelos demais.

O poder curativo do amor manifesta-se de muitas outras maneiras. A medicina psicossomática moderna informa-nos que a combinação da carência afetiva e do ódio em demasia na mesma pessoa é amplamente responsável por muitas doenças cardiovasculares, respiratórias, gastrintestinais, endocrinológicas, geniturinárias e dermatológicas, e ainda por algumas formas de epilepsia e enxaqueca. John Hunter, um grande cirurgião que sofreu um distúrbio cardíaco, bem sintetizou a sua situação ao declarar que "minha vida está à mercê de qualquer tratante que me deixe zangado."

A rápida deterioração da saúde dos bebês privados do aconchegante amor materno foi demonstrada de maneira típica, através de um cuidadoso estudo filmado do que aconteceu a eles em um bem organizado lar nova-iorquino de crianças abandonadas. Após três meses separados de suas mães, os enjeitados começaram a perder apetite, ter insônia, e ficaram enrugados, lamurientos e trêmulos. Durante os dois meses seguintes, sua deterioração aumentou. Vinte e sete bebês morreram no primeiro ano; mais sete, no segundo. Vinte e um sobreviveram por mais tempo, mas ficaram tão alterados que, depois disso, só puderam ser classificados como idiotas. Excetuando-se o amor materno, esses bebês tiveram todo o carinho e a atenção necessários para o seu bem-estar. E, no entanto, a falta do amor autêntico tornou essas condições insuficientes para assegurar a sobrevivência e o crescimento saudável das crianças abandonadas.

A bênção do amor – em ambas as formas de amar e ser amado – é necessária não só à sobrevivência e à saúde física das crianças, mas também ao seu desenvolvimento como cidadãos mental e moralmente sadios. Agora sabemos bem que o bando de delinqüentes e psiconeuróticos juvenis é recrutado principalmente nas fileiras das pessoas que, no início da vida, foram desprovidas de um mínimo de amor em suas famílias e em sua "vizinhança hostil". Por outro lado, os Menonitas, os Hutteritas, os Mórmons e as comunidades dos Amigos dos Estados Unidos não apresentam quaisquer – ou os tem em menor quota – criminosos, doentes mentais, drogados, pervertidos sexuais e libertinos. O principal motivo disso é que essas comunidades fraternas não apenas pregam o amor, como o praticam firmemente não só para com os membros de suas famílias, mas para com todos os membros de sua comunidade e até para com todos os membros da raça humana.

O poder curativo do amor também está sendo cada vez mais enfatizado pelas pesquisas psiquiátricas recentes. Elas mostram que o principal agente de cura no tratamento dos distúrbios mentais não é tanto a técnica específica das diversas escolas de psiquiatria quanto o estabelecimento de harmonia, de solidariedade e confiança mútuas entre o terapeuta e o paciente, e a colocação deste em uma atmosfera social, livre de inimizades e conflitos. É possível que isso explique o "milagre" da cura de um grande número de pessoas doentes pelos santos apóstolos do amor altruísta.

Capaz de curar as enfermidades físicas, mentais e morais, a energia do amor também contribui para o prolongamento da vida humana. Este fato é tipicamente ilustrado pela longevidade de cerca de 4500 santos cristãos analisados. Estes santos viveram do século I ao XVIII, quando a expectativa média de vida era muito menor do que a nos Estados Unidos hoje. A maior parte dos santos vivia em condições que, segundo os padrões atuais de saúde pública, estavam longe de higiênicas. Muitos deles eram ascetas e privavam seus corpos da satisfação das necessidades vitais. Apesar dessas condições adversas, sua longevidade média era tão elevada quanto, no mínimo, a dos americanos contemporâneos. Um amor puro e abundante dos santos por Deus e pelo próximo parece ser largamente responsável por sua resistente longevidade.

Esta conclusão é confirmada pelos efeitos opostos do ódio e da inimizade, que encurtam a vida, também averiguados por muitos estudos recentes.

O volume total das evidências existentes, ilustrado pelas amostras anteriores, não deixa quase dúvida acerca das funções biológicas altamente benéficas desempenhadas pela energia do amor na vida humana. Até mesmo na evolução das espécies e no comportamento das formas vivas, incluindo o homem e sua vida social, o papel do auxílio mútuo, da cooperação e de outras manifestações desta energia é hoje reconhecido pela ciência como sendo tão importante, no mínimo, quanto o papel da luta pela existência, que, até décadas recentes, era visto como o principal fator de evolução da vida e do rumo da história humana.

III

Além destas funções biológicas, a energia do amor serve à humanidade de muitas outras maneiras. Assim, ela tem funcionado – e pode fazê-lo cada vez mais – como o melhor "eliminador" da inimizade e dos conflitos entre os seres humanos. Para nosso ensaio experimental desta antiga verdade, tomamos cinco pares de estudantes com uma acentuada antipatia uns pelos outros. Propusemos a tarefa de transformar em três meses, pela técnica das "boas ações", suas relações de inimizade em relações de amizade. Persuadimos um parceiro de cada par a começar a prestar ao outro pequenos favores de amizade, como um convite para almoçar, para ir ao cinema, para dançar, ou um oferecimento para ajudar nas lições de casa e assim por diante. No início estes favores foram prestados sem entusiasmo por parte de quem os propunha e algumas poucas vezes foram rejeitados. Todavia, pela repetição, começaram a dissipar a inimizade e, conseqüentemente, substituíram-na por uma calorosa amizade em quatro dos pares e por uma "indiferença" no quinto par. Experiências semelhantes, realizadas no Hospital Psicopático de Boston entre enfermeiras e pacientes mutuamente hostis, apresentaram resultados similares.

Um outro ensaio experimental do velho adágio "amor atrai amor e ódio atrai ódio" mostrou que, em dois grupos experimentais (de estudantes e pacientes de sanatório), as aproximações amigáveis dos membros de cada grupo produziram respostas amigáveis em 65 a 80% dos casos, enquanto as aproximações agressivas receberam respostas agressivas quase no mesmo percentual.

Nossa investigação detalhada de como e porquê cada um dos cerca de 500 estudantes analisados considerava um certo indivíduo como o seu "melhor amigo" e outro indivíduo como o seu "pior inimigo" revelou o fato de que, em quase todos os casos de melhor amigo tanto quanto de pior inimigo, a amizade havia iniciado com alguma atitude amigável, enquanto a inimizade fora engendrada por um ato agressivo, de uma ou de ambas as partes.

A demonstração histórica do poder do amor em pacificar as guerras e os conflitos é tipicamente ilustrada pela política do Imperador Asoka (264-226 a.C.). Horrorizado com "a abominação do estrago" causado por suas guerras vitoriosas, Asoka, sob a influência do Budismo, na segunda metade de sua vida, substituiu radicalmente sua política beligerante por outra de paz, amizade, e melhoria das condições econômicas, mentais e morais vitais do seu próprio povo, bem como aquelas das nações vizinhas. Por meio de sua política do "amor atrai amor", ele conseguiu assegurar a paz por cerca de setenta e dois anos. Considerando que um período de paz tão longo assim só ocorreu três vezes em toda a história da Grécia, de Roma e de treze países europeus, a conquista de Asoka bem sugere que a política da verdadeira amizade pode assegurar paz prolongada com mais sucesso do que a política do ódio e da agressão, infelizmente ainda adotada pelos governantes de nosso tempo.

De modo geral, o poder pacificador do amor parece ser o agente principal que acaba com as catástrofes longas e mortalmente perigosas da vida das nações. Um estudo sistemático de tais catástrofes da história como no antigo Egito, Babilônia, China, Índia, Pérsia, Israel, Grécia, Roma, e nos países ocidentais, mostra de modo uniforme que todas essas catástrofes foram afinal superadas por um enobrecimento notadamente altruísta do povo, da cultura e das instituições sociais destas nações. Este enobrecimento surge com freqüência e se espalha sob a forma de uma nova religião do amor e da compaixão (como o Budismo, o Jainismo ou o Cristianismo), ou como um enriquecimento moral e espiritual da antiga religião e seus preceitos morais. Não devemos esquecer que praticamente todas as grandes religiões surgiram em circunstâncias catastróficas e que, em seu período inicial, foram antes de tudo e mais que tudo movimentos sociais de cunho moral, inspirados pela solidariedade, pela compaixão e pelo Evangelho do Amor. Elas se puseram a caminho para obter a regeneração moral de uma sociedade desmoralizada. Apenas mais tarde tais movimentos tornaram-se superdimensionados por dogmas teológicos complexos e rituais de efeito. Isso é igualmente válido para o surgimento e período inicial do Confucionismo, Taoísmo, Zoroastrismo, Hinduísmo, Jainismo, Budismo, o Judaísmo de Moisés e dos Profetas, Cristianismo e outros movimentos ético-religiosos.

A energia do amor não só aumenta a longevidade dos indivíduos, como também a expectativa de vida das sociedades e das organizações. As organizações sociais formadas principalmente pelo ódio, pela conquista e pela coerção como os impérios de Alexandre, o Grande, de César, Gêngis Khan, Tamerlane, Napoleão ou Hitler, tiveram, via de regra, uma vida muito curta – poucos anos, décadas, raramente alguns séculos. Assim tem sido com diversas organizações nas quais o amor altruísta desempenha papel pouco importante. Desse modo, a duração média de pequenos estabelecimentos comerciais como drogarias, lojas de equipamentos ou armazéns deste país é de apenas cerca de quatro anos. Grandes empresas (listadas nas bolsas de valores americanas e européias) sobrevivem em média só uns vinte e nove anos. Mesmo a duração da maioria dos estados raramente ultrapassa um ou dois séculos. As organizações mais duradouras que existem são os grandes grupos ético-religiosos como o Taoísmo, o Confucionismo, o Hinduísmo, o Budismo, o Jainismo, o Cristianismo e o Islamismo. Todas essas organizações existem há mais de mil anos, algumas há mais de dois, e não existem sinais aparentes de dissolução no futuro previsível. O segredo de sua longevidade provavelmente repousa em sua dedicação ao ensinamento altruístico da humanidade e, de modo geral, ao cultivo do amor no Universo humano.

Por fim, o enorme poder do amor manifesta-se na infinita influência dos grandes apóstolos do amor sobre os incontáveis milhões de seres humanos e sobre os rumos da história humana. Se nos perguntarmos que espécie de indivíduos tiveram maior influência sobre a história humana, a resposta será pessoas como Lao Tsé, Confúcio, Buda, Zoroastro, Mahavira, Moisés, Jesus, São Paulo, São Francisco de Assis, Mahatma Gandhi e outros criadores e líderes das religiões e da moralidade altruísta. Talvez apenas a influência dos maiores cientistas, inventores, filósofos e artistas – isto é, dos gênios criadores no campo da Verdade e da Beleza – possa rivalizar de algum modo com a influência benéfica dos grandes apóstolos do amor. Em contraste com a breve, e não rara destrutiva influência dos monarcas absolutos, dos conquistadores militares, dos ditadores revolucionários, e dos potentados da riqueza, os grandes apóstolos do amor afetaram de modo tangível as vidas, as mentes e os corpos de incalculáveis bilhões de pessoas durante os milênios da história e ainda hoje nos afetam. Eles não possuíam forças armadas, nem riquezas, nem qualquer dos meios mundanos de influenciar o curso da história e o destino das nações. Embora seus corpos não fossem os mais vigorosos, nem os seus Q.I. (Quocientes de Inteligência) os mais elevados conforme os padrões dos modernos testes mentais, pela força de seu amor puro e abundante eles obtiveram a transformação de milhões de homens e mulheres, remodelaram culturas e instituições sociais, e condicionaram o rumo da história.

O esboço precedente sobre o funcionamento do amor inegoísta mostra que ele é de fato uma das formas mais elevadas do poder criador necessário à sobrevivência das formas vivas, dos indivíduos humanos e das organizações sociais. Um mínimo de sua bênção misteriosa é indispensável para o crescimento físico, moral e mental dos seres humanos e das sociedades. Ele é o melhor e mais nobre antídoto contra todos os tipos de tendências criminosas, mórbidas e suicidas. É a mais sublime força educacional e inspiradora da criatividade em todos os campos do trabalho humano. Por fim, ele é o coração e a alma da liberdade e de todos os valores religiosos e morais.

IV

Quanto à origem desta energia do amor e os meios para a sua produção, acumulação e aplicação, sabemos que ela é dada ao homem de maneira potencial, como parte de seu dote biológico enquanto "animal social". A dimensão deste potencial parece variar de homem para homem. O volume deste amor potencial, transformado em energia real ou "cinética", é grandemente condicionado pela espécie de cultura humana onde o indivíduo se encontra, e pelo tipo de interação social que ele tem com os demais. Quanto maior for o dom biológico do amor dos membros de uma dada sociedade, mais os indivíduos interagem segundo a regra "amor atrai amor", mais as suas instituições sociais e a sua cultura são permeadas pela "atmosfera de amor", e maior é a produção de energia do amor pela sociedade como um todo.

Esta produção pode ser notavelmente aumentada recorrendo-se a diversas técnicas eficazes para a produção e acumulação desta energia. Apesar do nosso parco entendimento a seu respeito, sabe-se que existem umas trinta técnicas. Com a crescente pesquisa nossa compreensão sobre elas pode ser aprofundada e outras mais podem ser inventadas. As técnicas conhecidas variam muito em complexidade, da mais grosseira à mais sutil.

Como exemplos das mais simples podem ser citados o uso de vários agentes químicos, físicos e bióticos; o treinamento postural e o controle do sistema nervoso autônomo; as técnicas dos reflexos condicionados, da formação dos hábitos, dos exercícios mecânicos, e da punição e recompensa. Métodos mais refinados envolvem a persuasão racional e a demonstração científica, reforçadas pela mobilização das forças emocionais, afetivas e volitivas do homem; o uso dos exemplos de heroísmo; a experiência de vida direta; e a inspiração das belas artes. As técnicas sutis para aumentar o altruísmo do homem incluem a estimulação de sua criatividade; a concentração, a meditação e a auto-análise; e especialmente os métodos complexos das *Yogas*, do Zen Budismo, dos fundadores das religiões do amor, e das grandes ordens monásticas.

Estas linhas dão uma idéia sobre as fontes da energia do amor e o escasso conhecimento das técnicas para a sua produção e acumulação. Não há espaço neste artigo para uma discussão detalhada destes problemas. É suficiente dizer que, se uma pequena parte do dinheiro e do esforço agora despendidos para fazer a guerra, ou mesmo para o uso mais efetivo das fontes de energia física, fosse empregada na pesquisa e no cultivo do amor altruísta, os resultados benéficos de tal empenho seriam os mais recompensadores. Se, além disso, cada um de nós subtraísse de sua vida particular uma parcela das emoções de ódio e dos gestos de inimizade, e aumentasse a das emoções e gestos de amor altruísta para com todos os seres humanos, com esta mudança da nossa mente e do nosso comportamento poderíamos melhorar a atmosfera moral da humanidade e contribuir para a obtenção de uma paz duradoura bem mais do que todas as operações da política do poder e da corrida armamentista. É chegada a hora em que o cultivo intensivo do papel criador tornou-se um assunto do interesse de todos.

PARTE II

ASPECTOS METAFÍSICOS DO AMOR

Os artigos desta segunda parte referem-se à natureza da atmosfera metafísica que subjaz à atração mútua e à união entre os sexos.

O ambiente onde estes relacionamentos têm lugar é universal com nuanças metafísicas. A visão de mundo que emerge é a de uma base de energias invisíveis situadas em muitos níveis por detrás do mundo físico, energias que utilizamos e que afetam tudo o que fazemos. Neste contexto, a capacidade do homem de sentir e expressar amor é vista como derivada de uma relação com um amor Universal.

A concepção de que todas as interações humanas são expressas com e através de uma força viva universal tem sido alimentada por eras e novamente é manifestada aqui. O tema que se repete pelos artigos a seguir informa-nos que as nossas energias podem ser voluntariamente transmutadas para um outro nível de consciência. O mesmo poder criador do Universo, que nos proporciona vida, também nos confere a energia sexual. Esta energia, sustentam os autores, não precisa ser expressa só fisicamente; ela pode ser transmutada em outros canais tais como a preocupação ativa pelos outros, a auto-realização, e até mesmo a autotranscendência. O amor autotranscendente baseia-se na consciência do alcance superior e divino da energia universal por detrás do sexo. Os autores exploram aqui alguns aspectos desta visão metafísica, e, através dela, de que modo pode ser produzido o amor autotranscendente.

Devemos aprender o amor humano antes que possamos aprender o Amor divino. Se extinguirmos as luzes menores dos nossos amores humanos antes que o Sol do Amor divino raie em nossos corações, nada faremos senão precipitarmo-nos na escuridão de uma vida sem amor.

I.K. Taimni,
Glimpses into the Psychology of Yoga

Uma entrevista com
RENÉE WEBER
por Scott Miners

A ESCADA DO AMOR DE PLATÃO

(O formato de entrevista, tão popular nos dias de hoje, parece mais apropriado para expressar as visões de Platão, uma vez que ele é um exemplo do seu estilo informal, ilimitado – o diálogo. Ed.)

Todos nós ouvimos falar do amor platônico e presumimos que ele está relacionado com a filosofia de Platão. O que é isso exatamente?

O amor platônico é o mais incompreendido de todos os conceitos de Platão. Por anos a fio, as pessoas, em sua maioria infelizmente desconhecendo Platão, ou não tendo lido sua obra, pensaram que o amor platônico significava amor ascético ou assexuado. Isso não está correto. Em *O Banquete*, Platão tenta apresentar o amor sexual como uma parte natural do esquema das coisas, mas com raízes infinitamente profundas.

Então existe um princípio cósmico de amor no pensamento platônico?

Sim, para Platão o amor é um princípio cósmico. Ele vê o amor como uma escada formada por sete degraus, que vão do amor por uma pessoa até o amor pelas realidades superiores do Universo. *O Banquete* inteiro, o mais importante diálogo que Platão escreveu sobre o amor, é dedicado ao amor em seus diversos aspectos. Ele aponta que, embora eu me apaixone por uma pessoa, atraído por sua beleza, fixar-me exclusivamente nela é permanecer no primeiro degrau de uma escada que possui muitos outros.

O passo inicial nesta escada, para a maioria dos humanos, ocorre através do amor físico por uma pessoa. Platão diz ser inata ao ser humano mortal a imortalidade que se busca através desta pessoa, relativamente à procriação e assim por diante. Entretanto, fixar-se no primeiro degrau da escada do amor é permanecer subdesenvolvido em comparação a tudo o que um ser humano pode vir-a-ser e se desenvolver. É uma regressão. Platão não é sobrenatural: ele não nega o corpo e o amor entre homem e mulher. Sua posição é a de que, se eu deixar de ampliar este relacionamento no nível inicial e deixar de subir pelo primeiro degrau até os outros seis, permaneci em estado regressivo. Os passos seguintes não apenas são possíveis como se constituem no desdobramento natural da condição humana.

Aonde mais o amor pode nos levar? Como pode o amor entre homem e mulher crescer até dimensões maiores?

O diálogo completo de *O Banquete* é a resposta de Platão a esta pergunta. O contexto do diálogo é o de vários discursos sobre o amor. Na verdade, a palavra *symposium* (banquete) significa "beber juntos". Diversas figuras da sociedade ateniense estão reunidas discutindo a natureza, o sentido e as implicações do amor. Elas, até chegar a vez de Sócrates, haviam feito várias descrições do amor, e todas foram unilaterais, embora não falsas. Uma pessoa disse que o amor nos faz ter atitudes nobres para sermos merecedores do amado. Alguém afirmou que o amor é uma espécie de frenesi e loucura, enquanto outros, como Aristófanes, classificaram-no como a busca de nossa outra metade no mundo.

Você poderia indagar: "Como é que a outra metade se extravia?" Platão fez Aristófanes dizer que a condição humana era tal que todos nós, seres humanos, tínhamos corpos duplos e dupla face. Havia três tipos de humanos neste mundo. Na figura homem/homem, até na silhueta o corpo todo era composto por figuras masculinas de dupla face e corpos duplos. Um outro tipo era composto por elementos femininos, e por último havia o masculino/feminino.

Você poderia chamá-lo de andrógino?

Essa era a figura andrógina, onde uma metade era feminina e a outra masculina. Nesta fábula e mito encantadores, destinados a revelar um ponto muito profundo (como veremos adiante), Aristófanes afirma que todos esses seres duplos cometeram transgressões contra os deuses, e como castigo os deuses dividiram-nos ao meio. Portanto, visto por esta perspectiva, o amor é literalmente a busca de sua outra metade.

Narrada em termos platônicos, esta fábula traz implicações muito mais abrangentes e se enquadra na metafísica e na ética de Platão. Outro modo de dizer que o amor é a procura de sua outra metade é afirmar que em nosso estado atual não somos completos, e que os movimentos do amor são justamente esta busca de complemento.

Isto está relacionado com a concepção da escada do amor em O Banquete?

Sim. Esta busca de complemento torna-se óbvia no primeiro dos sete degraus da escada do amor, quando você se apaixona por um ser humano. Isto é natural na medida em que você busca completar-se. Então você se refaz, procria no belo, como diz Platão. Isso faz parte da idéia do amor. Mas você não permanece ali. Se toda a sua manifestação de amor for restrita a essa única pessoa, e especialmente à forma física dessa pessoa, você se desligará do Universo imenso e do imenso potencial da humanidade.

Platão diz que o amor "é uma loucura que é dádiva divina e fonte das principais bênçãos concedidas ao homem."

Exatamente. Portanto ele tem uma visão muito exaltada do amor entre os sexos, e, na verdade, não quer que subestimemos o seu alcance e significado. Penso que ele emprega o termo *loucura* para referir-se ao primeiro nível ou degrau da escada do amor, porque sob a influência da paixão física logo perdemos a nossa perspectiva e as nossas prioridades. Ele descreve como a alma anseia tanto pelo contato com a outra pessoa que perde o juízo. Quando você está muito apaixonado, é como se o Universo estivesse concentrado nessa outra pessoa.

Você só tem olhos para ela.

Isso não é necessariamente falso. Mais adiante Platão diz que em certo sentido o Universo está nessa pessoa. Mas você precisa transformar essa dimensão – ver não apenas a pessoa, mas o Universo nela. De qualquer modo, nesse estágio inicial, o amor passional é quase como uma loucura.

Contudo, esta é apenas parcial porque é uma loucura divina, e Platão nunca perde isto de vista. Trata-se de algo maravilhoso, misterioso, e muito mais profundo e potencialmente mais espiritual do que percebem os seres humanos.

Platão está se referindo a um tipo de amor do primeiro nível da escada, que é da mais pura motivação, ou está mencionado a relação amorosa normal que traz em si uma boa dose de motivação egoísta?

Esta é uma excelente pergunta de vital importância para a compreensão da ótica de Platão sobre o amor. Tudo o que ele disse sobre o amor em *O Banquete* – ao amar a pessoa você está amando o Universo e vice-versa – diz-se do amor inegoísta, genuíno. Isto surge novamente em *O Fedro*, que também é sobre o amor físico e de outros níveis. Nessa obra Platão diferencia muito explícita e abertamente os dois tipos de amor. Como veremos mais adiante, o relacionamento físico apenas enquanto meio de obter prazer não é apoiado por Platão.

Diria então Platão que o relacionamento sexual é mais que um impulso instintivo, porque ele pode servir para colocar uma pessoa na senda do amor autotranscendente?

Sim, com a ressalva antes levantada por você, uma vez que esta é uma paixão genuína, carinhosa e abnegada. Se for simplesmente o uso de outrem para a minha própria gratificação egoísta então, virtualmente, em todos os diálogos de Platão, ele se dissocia disso. É uma cilada e um perigo. Não é amor e não levará a coisa alguma, exceto à cegueira e ao anseio (este último ponto ele compartilha com o Budismo). Platão é freqüentemente acusado de ascético, sobrenatural, reprovador do corpo, e, ao mesmo tempo em que há nisso um fundo de verdade, temos que ter cuidado para não exagerar essa posição. *O Banquete* e *O Fedro* fornecem os antídotos para o tom essencialmente ascético dos outros diálogos platônicos.

O amor platônico, então, é exatamente um amor tão amplo, tão comovedor e tão universal que, embora comece como um amor pela forma bela, termina como um amor pela própria beleza, um princípio eterno do Universo. Portanto, à medida que você desenvolve e compreende as implicações mais profundas do sentido platônico do amor, você é levado de um modo muito natural (embora isso ocorra pela catálise de uma forma bela) a perceber que todas as formas belas são dignas de amor. Você generaliza e se torna sensível a todas as formas belas.

Ele emprega constantemente o termo *beleza*. Fisicamente corporificada ou não, a beleza das idéias torna-se tão real quanto, e de fato mais real do que, a beleza física.

Quando ele utiliza a palavra beleza e universaliza o conceito ou arquétipo da beleza em si como ela se manifesta na forma, ele a vincula ao amor?

O amor e a beleza estão ligados. Você vê a beleza quando está amando. À medida que progride, você percebe em todas as formas belas a espécie de beleza e sente o tipo de exaltação que experimentou quando se apaixonou pela primeira vez. À proporção que você cresce e esclarece a noção de amor platônico, permitindo sempre que o amor lhe leve para a frente ou para cima, você está saindo do particular em direção ao múltiplo. Mas você ainda não está no universal.

A seguir você vê que a beleza da mente é, não apenas tão maravilhosa quanto a beleza da forma, mas de fato mais do que isso. Platão afirma em *O Banquete* que mesmo a forma da pessoa não sendo tão graciosa visual e fisicamente, você se apaixona pela qualidade da sua mente. Isto é uma progressão do concreto e do físico para o não-físico, o imaterial. Deste ponto, sob a influência e inspiração do amor, você ascende em direção a algo ainda mais universal, mais abstrato.

Este é o passo número dois?

Não. O passo número dois é amar todas as formas físicas belas. O terceiro é amar a beleza da mente sem distinção da forma física à qual ela esteja associada.

Compreendo. Então qual é o passo seguinte?

O quarto passo da escada do amor é o amor pelas práticas belas – a ética.

Manter a casa limpa?

Sim, manter a casa limpa. A integridade, a justiça, a bondade, a consideração – tais características também têm beleza e podem impelir você ao amor. É mais abrangente e mais universal e conduz ao passo número cinco, que é o amor pelas instituições belas. Por exemplo, o amor pelo modo como a sociedade funciona, quando as suas instituições são concebidas em equilíbrio e harmonia, e portanto, em beleza. Não se trata apenas de um cuidado com a família. É um amor pelo governo, pela cultura, por tudo o que Platão cita em *A República* como exemplos de instituitções belas. O filósofo amante da sabedoria apaixona-se por essa espécie de harmonia, onde o bem comum é o interesse primordial e não o bem exclusivo do indivíduo isolado, do núcleo familiar, ou mesmo da pequena comunidade. Platão interessa-se por uma sociedade holística, pelo todo. Este é o quinto passo.

Deste ponto a alma ascende (palavra utilizada em *O Fedro*) para o sexto degrau da escada do amor. Em *O Banquete*, a sexta manifestação do amadurecimento do amor é uma curva gigantesca para o alto, em direção ao universal e ao abstrato, e a isso Platão denomina "ciência", isto é, conhecimento e compreensão. No sexto passo você se apaixona pela ciência bela, que agora articula não só as leis que governam o indivíduo ou a família, ou até mesmo a sociedade como um todo, mas algo que transcende o meio local. A beleza da ciência é algo universal, tal como o teorema de Pitágoras.

Ou a biologia da Terra?

Exatamente. Tudo isso, ou o Universo de Einstein, que afinal inclui o cosmos inteiro. Obviamente, Platão não sabia muitos detalhes sobre ciência, mas intuia a essência do que poderia ser. Ela apresenta beleza, harmonia, ordem, uma posição que revela as suas origens pitagóricas. Você pode se apaixonar por isso tão profundamente quanto por um homem ou por uma mulher. Os grandes cientistas tais como Einstein, Kepler, Galileu, Newton afirmaram que ao articularem as leis do Universo, estavam estudando a lógica, a ordem e a beleza da mente de Deus. Muitos deles eram platônicos. Giordano Bruno, filósofo e cosmólogo do século XVI, permitiu-se ser queimado na fogueira a ter que negar sua bela visão ou *insight* científico de um Universo infinito e interligado. Tudo isso faz parte do que Platão queria dizer ao mencionar o amor pela ciência, *scientia*, conhecimento.

Ele vê os seres humanos como parte integrante deste plano cósmico global ou beleza?

Foi o ser humano quem articulou estas leis e desse modo dotou-as de forma palpável para nós, e é o ser humano quem se apaixona por elas. No caso de Giordano Bruno, executado pela Inquisição no ano de 1600, você poderia dizer que foi uma espécie de paixão pelas leis do Universo em grau tão profundo que, assim como um homem defenderia a mulher amada de uma agressão, Bruno igualmente defendeu do ataque a sua visão do Universo infinito e preferiu a morte à negação desse amor. Isso é amor verdadeiro. Einstein também amou o mistério e a beleza do Universo.

Sócrates faz então um discurso sobre o degrau número sete, que é a ênfase do diálogo. Você sabe que algo sagrado e importante está para ser dito quando Sócrates começa a falar nesta etapa de *O Banquete*. Alega que tudo o que dirá aprendeu de uma sacerdotisa sagrada chamada Diotima. Aqui Platão prepara a audiência para esperar algo importante profundo e, na verdade, não nos desaponta.

Diotima afirma existirem os mistérios menores do amor e os mistérios maiores do amor. Em sua revelação a Sócrates, há muito tempo atrás, ela descreveu os sete degraus da escada. Os mistérios menores são compostos pelos degraus de número um, como discutido antes, dois, três e quatro. Mas, ao explicar como ascendemos na escada, partindo destes para os mistérios maiores do amor, ela se detém. Há uma espécie de momento solene no discurso de Sócrates. Ela diz a Sócrates: "Esforça-te, por favor, por estar o mais atento possível." Sempre que Platão faz um personagem dizer isso, você sabe, pela evidência interna reconstituída de outros diálogos, que ele está para articular um ensinamento esotérico. Isso é cercado de grande solenidade, uma espécie de pausa que os eruditos notaram. Ele chama a atenção para o fato, como se proclamasse que algo importante está para ser revelado.

Os mistérios maiores do amor (passos números cinco, seis e sete) evoluem na direção da visão do universal. O momento mais importante do discurso de Diotima em *O Banquete* é quando ela afirma que, entre os passos seis e sete, passamos quase imperceptivelmente das realidades mundanas para as realidades superiores do Universo. Platão emprega a palavra *subitamente*. Ele declara que depois de passarmos por todos estes degraus, ao chegarmos no passo número sete, ocorre uma diferença de tipo, embora seja também uma diferença de gradação. *Subitamente* você vê não a manifestação ou um exemplo de beleza, mas a beleza em si. Esse é o degrau número sete da escada do amor. É o epítome, o ponto alto dos sagrados mistérios, como Diotima os denomina. O amor aqui se expressa como o amor pela manifestação eterna da beleza em si. Em outras palavras, você se apaixona não só por uma forma bela mas por sua essência, que torna belas todas as coisas. Isto é a beleza em sua origem.

Diotima faz um discurso memorável, como o demonstra a seguinte transcrição de *O Banquete*:

> Isto, meu caro Sócrates, é aquela vida, superior a qualquer outra que o homem possa viver, na contemplação da Beleza absoluta; uma

beleza que caso vós alguma vez a contemplásseis, constataríeis não poder ser avaliada pelos parâmetros do ouro, dos trajes dos rapazinhos e jovens, cujas presenças agora nos fascinam; e vós e muitos outros contentar-vos-iam em viver apenas contemplando-os e conversando com eles sem o acompanhamento da carne ou do vinho, se isto fosse possível – vós quereis apenas olhá-los e estar com eles. Mas e se o homem possuísse olhos para ver a verdadeira Beleza – A Beleza divina, quero dizer, pura, clara e genuína, não conspurcada pela poluição da mortalidade e por todos os matizes e vaidades da existência humana – contemplando e dialogando com a verdadeira Beleza, pura e divina? Lembrai como apenas em tal comunhão, mirando a beleza com os olhos da mente, ele será capaz de suscitar não projeções de beleza, mas realidades (pois ele entronizou não uma imagem, mas uma realidade), e produzindo e nutrindo a verdadeira virtude para tornar-se o amigo de Deus e ser imortal, se isto é possível ao homem mortal. Veria esta uma vida ignóbil?

Isto soa como um contato visionário com uma realidade ou verdade suprema.

Isto é uma espécie de visão. É como ver o Sol na alegoria da caverna em *A República.* Depois de viver de costas para ele e ver apenas sombras na parede, subitamente você o vê! É a fusão com a forma amada, a integralidade. Em sentido mais profundo, isso evoca o que Aristófanes descreveu; o amante busca a integralidade, não só através da outra metade com a qual estava ligado originalmente, mas a integralidade pela união com a forma eterna e imaterial em si. Isso é uma espécie de imortalidade.

O amor mundano e físico foi o início desta busca da totalidade. O ponto final é obter uma visão do que está por detrás do Universo e do que o faz girar. Portanto, apaixonar-se no sétimo passo da escada do amor é unir-se à origem do ser. Este amor liga o indivíduo à sua origem suprema, infinita. É uma espécie de doutrina mística do amor, e esse é o amor platônico.

Trata-se de um ponto de vista comovente e inspirador que transcende em muito a idéia de apenas ficar de mãos dadas com alguém.

Isto costuma ter início entre um homem e uma mulher, e a atração entre eles prepara o cenário para a percepção da beleza do amor?

Exatamente. Isso é que é tão maravilhoso. Isso nos mostra que as pessoas subestimam o amor platônico. Ele não deprecia o amor entre um homem e uma mulher – antes mostra que eles fazem parte desta ascensão ao divino, ao espiritual e ao imortal. O amor físico é um tal catalisador que conduz à paixão pelo Universo inteiro. Nós começamos por amar uma pessoa, na verdade, sua beleza física. Tornamo-nos cada vez mais conscientes das outras dimensões até que, finalmente, ao amarmos a essência ou a forma eterna da beleza, apaixonamo-nos pelo Universo inteiro. É um amor cósmico que avança e recua entre o particular e o universal. Ele inicia e interage com o aspecto físico cotidiano e singular da vida.

O clímax deste discurso de Diotima é tão importante que devo citar novamente *O Banquete*. Diotima declara: "Quem tiver sido instruído em matéria de amor até este ponto, contemplando, uma após as outras, na devida ordem, as coisas belas, já prestes a concluir o aprendizado do amor, subitamente dará com os olhos em algo duma beleza natural maravilhosa – daquela mesma, Sócrates, visada por todos os esforços anteriores". Em outras palavras, este é o momento para o qual um ser humano integralmente desenvolvido e maduro é conduzido por todos os demais degraus ascendentes da escada do amor.

Que coisa é essa pela qual nos apaixonamos? Platão afirma que percebemos a beleza em seu aspecto atemporal: "– uma Natureza que, em primeiro lugar, é eterna, não nasce nem perece, não cresce nem mingua"; em segundo lugar, não é relativística, "não é de um lado bela e doutro feia, nem ora bela ora não, nem bela a um respeito e feia a outro, nem bela aqui e feia ali, por ser bela para uns e feia para outros". Mas o que é isso? Isso é a "beleza em si mesma e consigo mesma, eternamente invariável, da qual todas as demais belezas participam de maneira tal que, ao nascerem ou perecerem aquela em nada aumenta nem diminui, nem passa por alteração alguma". Diotima termina dizendo: "Se nalguma altura da vida, meu caro Sócrates... é válido a um homem viver, é nessa, quando contempla o Belo em si." (*)

Platão diria então que o amor está no centro da vida universal ou é um aspecto seu?

Sim. Em *O Fedro*, Platão utiliza uma outra metáfora para mostrar a mesma idéia do amor, oscilando entre o mortal e o imortal, entre o específico e o universal, entre o concreto e o abstrato. Nessa obra, os amantes, devido ao seu amor, são impelidos a buscar regiões mais elevadas, formas mais puras. Por isso eles criam asas. As asas capacitam-nos a alçarem vôo até a borda do Universo, onde eles vêem as formas eternas, isto é, a essência das coisas temporais. Até mesmo os amantes da paixão física receberão suas asas por meio do seu amor, se este for puro, e com elas ascenderão e verão as infinitas dimensões do ser.

(*) *Diálogos de Platão*. Editora Cultrix, São Paulo, 1963. (N.T.)

Depois Platão apresenta uma outra metáfora, a da carruagem puxada por dois cavalos, um branco e outro negro. O garanhão negro representa o amor impuro ou egoísta, quando uma pessoa usa a outra apenas para a gratificação ou prazer físicos. Uma pessoa comandada pelo cavalo negro clama por gratificação imediata e está sempre orientada egoisticamente. Se este garanhão sombrio, ignóbil governa, ele perturba o equilíbrio da manada. Este tipo de amor não conduz ao universal porque o seu estilo egoísta e imoderado torna isso impossível. Isto revela a tendência ascética de Platão. Ele adverte contra este tipo de amor por ser excessivo, desequilibrado, centrado em si. Isso não é amor em absoluto; é amor-próprio. Mas se o amante ama realmente, o cavalo branco ajuda a governar de forma que o grupo inteiro – o cavalo branco, o cavalo negro e o cocheiro – possa ascender em direção à "borda do céu" e lá visualizar as verdades eternas. O cavalo branco nos equilibra por seu bom senso, integridade, altruísmo e interesse pelo outro.

O garanhão negro então é um símbolo dos sentidos físicos, enquanto que o branco é aquilo que está além dos sentidos?

Essa é a idéia, no geral.

Então quem, ou o que o condutor do grupo simboliza?

Ele simboliza a alma e a visão da alma – bom senso, pureza, o desejar espiritual. O amor pode ser a própria carruagem, o veículo para nos conduzir a uma outra dimensão do ser, e proporcionar vislumbres de outros estados de consciência no próprio ato do amor.

Nos dias de hoje poderíamos dizer que Platão sustenta uma união sexual intensa e profunda como a antecipação do êxtase da união com a realidade espiritual divina que subjaz ao Universo. É a imortalidade do homem simples. É uma manifestação reduzida da união divina, e, não obstante, os seres humanos certamente valorizam a experiência do amor e do sexo. Por meio de um amor sexual intenso, cada um de nós experimenta por breves momentos a autotranscedência e a abnegação.

No degrau número sete da escada, essa autotranscendência, que era breve e momentânea, transforma-se no estado natural onde habitamos o tempo inteiro. O "eu" desapareceu no segundo plano; em primeiro plano reluzem as verdades eternas, o bem, a verdade, a beleza, entendidas como indissolúveis e evidentes para a alma que é capaz de vê-las. Desse modo o amor habilita-nos, a partir das belezas da Terra, a subirmos ao céu, como diz Platão. O que começou no tempo, termina na eternidade; o que começou com o toque de uma pessoa, termina no abraço do Universo.

Quem conhece a própria virilidade
e preserva a própria feminilidade,
esse é o Abismo do mundo.
Sendo o Abismo do mundo,
a Vida Eterna não o abandona,
e ele volta a ser como uma criança.

Lao-Tsé, ***Tao Te King***

CLAUDE BRAGDON

O CULTO A EROS

Qualquer pessoa que tentar lidar com os problemas da vida moderna de outro modo que não superficialmente não pode evitar discutir o amor. Porém, aproximar-se-á do assunto com receio, pois o amor, essa fonte pura, céu límpido, parece ter se tornado uma espécie de fossa, agora remexida até as mais baixas e fétidas profundezas. Seria melhor passar, tapando o nariz e fechando os olhos, mas é impossível.

A dificuldade inicial está na definição: o que se quer dizer com a palavra "amor"? O assunto deve ser tratado biológica ou teologicamente – como paixão física ou compaixão impessoal? O amor é fome de sexo ou realização da alma? Ou é a adoração do Altíssimo?

Talvez o amor seja tudo isso, e pode existir uma síntese que as reúna, mas comecemos por imaginar o amor simplesmente como uma emoção que cria, transforma, organiza, e destrói com energia transcendente qualquer outra emoção. Nós podemos desconhecer o que seja o amor, mas sabemos o que ele não é, pois se o amor não possuir esta qualidade dinâmica, ditirâmbica, não é amor.

A paixão assume muitas formas e toma muitas direções – freqüentemente opostas uma à outra – mas a sua suprema expressão humana está no amor do homem pela mulher e da mulher pelo homem. Amores pré-adolescentes e homossexuais não são tão anormais nem tão incomuns como costumávamos pensar, mas apenas quando completamente casadouro e bipolar é que o Belo Monstro cria dentes e garras e estende as asas no céu tempestuoso. Pois o instinto sexual e a natureza espiritual despertam juntos e estão estranhamente misturados, às vezes pouco perceptíveis, o êxtase religioso e o abrupto erotismo intoxicando a consciência ao mesmo tempo e de modo semelhante. Isso é um mistério cujo significado nos escapa, mas sua importância não pode ser discutida, uma vez que ela nega todas essas concepções materialistas atuais do amor unicamente enquanto necessidade biológica, pouco diferindo da nutrição e da excreção. Em tal teoria do amor nem é necessário passar os olhos.

O pólo oposto disto é a idéia oriental do amor conforme exposta nos *Upanishads*. Esta, embora profundamente mística, possui a vantagem de harmonizar todas as contradições e se adaptar a todos os fatos. O que ela significa, resumidamente, é que todos os amores são do "eu" para o Eu. Se esta declaração estiver condensada e enigmática demais, ela poderia ser elaborada na linguagem da psicologia recente, mais ou menos nestes moldes:

Subjacente ao fenômeno da consciência, tanto objetiva quanto subjetiva – mesmo subjacente à consciência em si – existe uma realidade ou Ser Supremo, do qual a consciência, fisicamente condicionada, é apenas um reflexo ou representação. Este "Ser" inescrutável é, portanto, chamado de Inconsciente, não porque o seja, mas porque a maioria de nós está inconsciente dele. Ao contrário, ele é um princípio organizador e inteligente, que emerge com clareza e poder na proporção em que as funções orgânicas, com as quais a consciência da vida de vigília está associada, cessam sua atividade. Os dois estão separados pelo que é chamado de "o limiar psicofísico da sensibilidade", e este limiar é móvel, a consciência capturando e se apropriando cada vez mais do Inconsciente, e este derramando-se cada vez mais na frágil porém sempre incompleta taça da consciência pessoal. Este processo e esta relação constituem o único e todo-abrangente "caso amoroso", que está entre a existência do "eu" e a auto-realização – o "eu" e o "Eu".

Com o auxílio desta explicação, o leitor está agora melhor preparado para entender a afirmação de que todos os amores são do "eu" para o "Eu". É uma necessidade lógica inerente à natureza do monismo. Toda a filosofia oriental está resumida em três palavras: "Tu és Aquilo" – tua alma é *Brahman.* O sentido e o propósito da vida são efetuar esta realização de forma crescente, tornar-se *aquilo que tu és.* O amor, de todo o tipo e gradação, é a aproximação efetiva e ordenada a esta transcendência, por causa do seu *poder transformador.* Pois o amor, seja ele o do artesão por sua obra, do religioso por seu deus, ou do amante por sua concubina, liberta em uma extensão maior, traz para o Inconsciente o limiar psicofísico. Assim cada parte de uma relação amorosa torna-se para o outro um caminho de liberação ou, o que significa o mesmo, um meio para a maior auto-realização. Embora possam estar pouco conscientes disso, os amantes desejam um ao outro a fim de que possam tornar-se *Aquilo.* É por conta disso que se consideram doces, pois "Este Eu é o mel de todos os seres, e todos os seres são o mel deste *Eu*."

Que todos os amores são do "eu" para o "Eu" é reiterado quase à exaustão nos livros sagrados do Oriente: "Portanto, se quiserdes, Senhora, explicar-vos-ei, e notai bem o que eu digo: Na verdade, um esposo não é tão querido que possais amá-lo, mas podeis amar o "Eu", e portanto o esposo é querido." E esta fórmula é repetida várias vezes, com efeito semelhante: esposa, filhos, riquezas, rebanhos, mundos, *Devas, Vedas* – tudo, na verdade, não é tão caro que você possa amar a tudo, mas para que você possa amar o "Eu".

Isto tudo pode parecer vago, místico, e até um pouco infantil para aqueles desacostumados com os padrões de pensamento orientais, incapazes de interpretá-los nos termos do estilo de pensamento ocidental, ou segundo a sua própria experiência, mas aqui temos uma idéia da máxima importância no presente: que o amor é a senda para o paraíso perdido do homem. Entendendo o amor nesta nova maneira, e nesse entendimento estabelecendo um novo tipo de relação, os amantes podem alcançar a libertação não só a partir dos seus egos mais estreitos, mas a partir dos egos mais estreitos um do outro, que é sempre a ferida incurável do lado de Adônis. Reconhecendo que o amor das pessoas é, por sua própria natureza, limitado e termina com o passar do tempo, cada um serve e cultua o "Eu" como se estivesse encarnado no outro – esse aspecto do "Eu" do qual cada um é como se fosse o oposto, o homem amando e vindo a conhecer o Eterno Feminino através e por meio desse aspecto efêmero e temporal Dela, que é a mulher física; e ela amando e prestando homenagem ao Eterno Masculino, através e por meio de Sua corporificação no homem de sua escolha. Em tal condição da mente e do espírito, livre de vergonha, orgulho, vaidade, luxúria, medo e tudo o mais que possa enlamear as águas da fonte sagrada, o "senhor do corpo" de cada um está habilitado a contatar o seu próprio Amante Imortal. O par transforma-se em pontos de contato e veículos de comunicação dos seus próprios "Eus" superiores, unos com o Grande Eu, dotado de vida divina, imortal – "de geração ilimitada entre Céu e Eternidade."

É claro que observamos à nossa volta a antítese direta disto: os homens e as mulheres atormentando e coagindo uns aos outros, envenenando e secando a fonte sagrada uns dos outros (uma vez que ela pode ser drenada e envenenada se o seu local de reabastecimento for represado), praticando falsidades, tramando traições, perpetrando crimes subumanos – mais ainda, subanimais – e tudo em nome do amor. Como diz Ouspensky, "Na maioria dos casos o amor, como existe na vida moderna, tornou-se uma banalização de sentimentos e sensações. É difícil, nas condições que regem a vida no mundo, imaginar um amor que não interfira com as aspirações místicas. Templos do amor e a celebração mística dos mistérios do amor não existem mais". No mesmo ensaio, contudo, ele lança uma nota mais otimista: "O amor é a chama eterna na qual a humanidade e todo o mundo estão sendo incessantemente purificados, todas as forças do espírito humano e do gênio estão sendo desenvolvidas e refinadas; e talvez, na verdade, desta mesma chama, ou com o seu auxílio, surja uma nova força para libertar das cadeias da matéria todos os que se dirigem para onde ela conduz".

Justamente porque o amor pode ser uma força devastadora da vida, a origem de inúmeras misérias emocionais e físicas, ele também pode ser o mais poderoso de todos os agentes de regeneração, uma autêntica fonte de nova vida; pois, em todo o lugar, a ação é igual à reação, e o tamanho da sombra é um indício para o brilho da luz – "o fogo congelará, e a geada queimará". O Mestre disse: "Por todos os caminhos os filhos do homem seguem o Meu caminho", e de todos os caminhos "o discípulo da união" é julgado o mais alto – "maior que os homens penitentes, maior que os homens sábios; o discípulo da união é maior que o homem trabalhador". O amante é preeminentemente "o discípulo da união", pois o objetivo do amor é a união; mas se os amantes desejarem apenas a união um com o outro *enquanto pessoas*, esse amor se esgota na consumação, na saciedade, e o tédio sobrevem, ou "surgem as repulsas imediatas do ódio." Se, por outro lado, eles almejarem a união com o divino através de e por meio um do outro, em vez de parecerem recipientes facilmente quebráveis e logo esvaziados, transformam-se em condutos de um inesgotável reservatório de vida.

Sobre esta concepção do amor baseia-se, é claro, o culto oriental de *Sahaja*, cujo objetivo parece ser a liberdade espiritual *(moksha)* através de e por meio de uma certa atitude e relação passível de ser estabelecida entre os amantes. *Sahaja* é o *amor como meio de iniciação* – uma fuga, não da vida, mas para dentro da vida. Ananda Coomaraswamy, o emérito estudioso oriental, tem a dizer sobre o assunto:

> Na Índia, não fugimos da convicção de que o amor sexual possui uma significação profunda e espiritual. Não há nada melhor com que possamos comparar a "união mística" do finito com o seu ambiente infinito – aquela experiência que se prova a si mesma e constitui a base única da fé – do que a entrega dos amantes terrenos nos braços um do outro, onde "cada qual é ambos". A proximidade física, o contato e a interpenetração são as expressões do amor só porque o amor é o reconhecimento da identidade. Esses dois são uma só carne porque se recordaram de sua unidade de espírito. Além do mais, esta é uma identidade mais completa do que a mera

simpatia entre dois indivíduos; e cada qual, enquanto indivíduo, não tem para o outro maior significação do que as portas do céu para quem está lá dentro. É como uma equação algébrica, onde a equação é a única verdade, e os termos podem ter qualquer valor. A mínima intromissão do ego, todavia, envolve um retorno à ilusão da dualidade.

Ao mesmo tempo que é real que todos os verdadeiros amantes, simplesmente por serem assim, são candidatos à iniciação, apenas uns poucos possuem as qualificações necessárias ao sucesso e com freqüência nem todos eles são capazes de controlar as condições certas, pois é imperativo que ambos pertençam à mesma dimensão, isto é, habitem o mesmo círculo de consciência, sejam pares um do outro, estejam relacionados através do *karma*, sejam moldados com a mesma substância moral. O amor "cósmico" é algo tão estranho e paradoxal que, para os "bastardos e dilacerados pela paixão" que apenas,

> reclamam, e se deleitam, e se arrependem,
> e se beijam, e copulam e procriam,

ele não é tido como amor, de modo algum. Eles não somente são incapazes de percebê-lo, como são incapazes até mesmo de imaginá-lo: o espaço repleto de matéria não lhes parece mais que um vácuo, pela mesma razão que o Nirvana é um nada para os materialistas.

Pois tal amor é passível de realização somente quando nada pessoal restar: ele não tem desejos, pois quem deseja ainda tem sede; é igualmente sem medo, porque "o medo só surge a partir de um outro". O amante cósmico abandonou sua vontade a fim de estar livre dos desejos; ele nada exige, e nada oferece ao amado, reconhecendo uma perfeição à qual nada pode ser acrescentado:

Eles doam e não fazem promessa ou juramento,
A Natureza é o que os mantém juntos,
Nenhuma súplica persuade, nenhuma lisonja seduz,
Suas nobres intenções são sua luz.

Eles não são atraídos pelo prazer ou repelidos pela dor; embora lidem com as paixões mais perigosas, são sempre o arco e jamais a flecha. "*Sahaja*" afirma Coomaraswamy, "nada tem a ver com o culto do prazer. É a doutrina do *Tao*, o caminho da não-ação. Tudo o que for melhor para nós virá por si mesmo às nossas mãos – mas se lutarmos para alcançá-lo, esquivar-se-á de nós para sempre". Estes amantes nada negam um ao outro, contudo nunca se perdem; bebem para além da embriaguez e só encontram clareza e sobriedade. Este amor não é um meio para atingir um fim, por ser ao mesmo tempo meio e fim. Portanto ele não pode ser associado a idéias sociais e eugênicas: o desejo de ter filhos é o desejo de ter posses, e o desejo de ter posses é o desejo pelo mundo. Nem pode ser associado com a idéia da contracepção, com raízes no sentimento do medo, porque "o amor perfeito elimina o medo". "Paciência" e "auto-sacrifício" não se encontram nesta relação; baseado na total liberdade e familiaridade, ele proporciona uma serenidade espontânea inabalável nos momentos de maior intimidade, devido à ausência de qualquer tabu e à presença da Presença – o fogo no altar, o deus no santuário, a Natureza inteira sintonizada no culto ao Altíssimo. Aqui nada é feito para si mesmo ou para um ou outro, nenhum esforço é feito para obter-se resposta, nenhum para impedi-la. Este amor nada tem a ver com a paixão e a entrega: ele não conhece pecado, vergonha, desespero, júbilo, pois ele é "a paz que ultrapassa todo o entendimento", e estas coisas significam para ele nada mais que as ondas para as insondáveis profundezas do mar.

Eles são livres, sim, porém libertos, não. Livres para praticarem o amor, mas não livres das pressões dos hábitos herdados, dos costumes e modas atuais, e das exigências ambientais particulares sobre os desejos sexuais.

Jacques Mousseau
L'amour a refaire

DANE RUDHYAR

OS ASPECTOS PROCRIADORES, RECREATIVOS, TRANSFORMADORES E SOCIAIS DO SEXO

É difícil que um assunto ocupe mais a atenção dos seres humanos do que o sexo, exceto talvez o dinheiro. A atividade sexual efetiva é profundamente sentida como uma manifestação de poder biopsicológico; e a capacidade de produzir e gastar dinheiro é identificada como a forma mais básica de poder social. O instinto de poder é de fato potente nos seres humanos – em particular, mas com certeza não exclusivamente, nos homens.

Do ponto de vista biológico, o desenvolvimento das polaridades sexuais de masculino e feminino, ao ocorrer pela primeira vez na biosfera, teve por objetivo a produção de imensas possibilidades de variações no tema genético do homem. O tipo assexuado de organismo simplesmente se reproduz *ad infinitum*, seja pela simples divisão em duas metades exatamente iguais *(mitose)*, ou por outro processo mais complexo. A sexualização leva a uma variedade de combinações genéticas. Ela também produz um série de problemas de relacionamento, pois a dualidade compele os dois fatores isolados a buscarem formas de se recombinar. A recombinação de organismos diferenciados é um processo no qual a possibilidade de inadequação ao unirem-se é fonte de conflito potencial. O conflito é inerente na biosfera, cuja lei básica parece ser "matar ou ser morto" – também chamada de "a lei do peixe" (peixes grandes comem peixes pequenos) por antigos escritores indianos. Mas com o sexo, um outro tipo de conflito se apresenta: o conflito baseado na inaptidão das unidades recombinantes. Ambas, ou uma delas não está totalmente pronta para a combinação quando surge o impulso para isso – natural ou artificialmente estimulado – ou as formas e os caracteres das duas não combinam com exatidão, fisiologicamente, ou nos seres humanos ainda mais, psicologicamente.

A potencialidade do conflito, e, nas pessoas psicologicamente desenvolvidas, das divergências e do ressentimento – em muitos casos levando à sensação de fracasso, culpa ou impotência – não pode ser evitada, pois é inerente a todos os dualismos; pode, entretanto, ser grandemente reduzida se à atividade sexual não for atribuído um único sentido básico, mas, em vez disso, for compreendida como algo que possui diversos aspectos e atende a variados propósitos diferentes. Em outras palavras, sexo não é apenas sexo – uma necessidade a ser satisfeita com um único objetivo. O impulso sexual nos seres humanos opera em níveis diferentes, e quatro deles são particularmente perceptíveis e significativos. Se uma pessoa, de modo consciente ou semiconsciente, procurar no sexo a realização de uma necessidade em um destes níveis, porém seu parceiro ou parceira esperar que os contatos sexuais tenham um sentido e preencham uma necessidade em outro nível, a frustração e o ressentimento, senão o conflito declarado, serão inevitáveis. Esclarecer, antes que o ato tenha início, o que a outra pessoa espera dele, é a maneira sábia de "fazer amor"; é ainda mais sábio envolver-se no relacionamento que possua um grau mínimo de estabilidade e que conduza à realização e felicidade conjuntas.

Quais são, pois, estes quatro níveis principais, nos quais os relacionamentos sexuais operam em nossas sociedades modernas?

O primeiro nível, básico, é evidentemente o biológico. O sexo biológico é um método de reprodução pelo qual as espécies da vida asseguram a sua continuidade, geração após geração. É instintivo, e todos os instintos são compulsórios: as plantas e os animais não têm a possibilidade de reprimir ou modificar deliberadamente o seu funcionamento. Contudo, os seres humanos são capazes de controlar parcial e até mesmo totalmente, em casos mais raros, os impulsos sexuais. O resultado de tal controle é transferir a energia instintiva, e os ganhos psíquicos que acompanham seu despertar, para o nível dos sentimentos íntimos e das imagens mentais(*).

(*) Quando utilizo o termo psíquico, refiro-me ao que considero os acordes superiores dos instintos e das alterações fundamentais que acontecem no nível das funções biológicas e dos impulsos. As pressões e as atividades biológicas provocam mudanças paralelas, ou ao menos claramente relacionadas, nessa parte da personalidade total que eu defino como o reino psíquico. É um reino não apenas de "sentimentos", mas de imagens mentais. A imaginação psíquica pode ser produzida por diversas fontes, mas a principal delas hoje tem a ver direta ou indiretamente com o que ocorre no nível biológico, onde *todos* os instintos, não somente os sexuais, funcionam. Fatores genéticos anormais podem assim afetar fortemente os sentimentos, as emoções e a imagem mental emergentes, não raro de modo autônomo e incontrolável, na parte da mente que obedece ao instinto biológico e reflete as alterações orgânicas, agradáveis, dolorosas ou traumáticas como possam ser.

O impulso transferido costuma buscar novas formas de satisfação, e estas podem ser pessoais ou sociais; elas também podem apresentar tipos imensamente variados. Mas também podem ser frustradas por imperativos e tabus culturais, morais ou sociais. A conseqüência é a formação dos complexos psicológicos, que podemos definir simbolicamente como redemoinhos de energia psíquica impossíveis de serem resolvidos na correnteza da vitalidade. Outros efeitos podem ser as cristalizações do medo, uma ansiedade ou revolta impotente bloqueando a circulação natural, rítmica, da libido.

O sexo biológico é fundamentalmente uma força inconsciente, não-deliberada. O organismo-como-um-todo é "possuído" por ela; e seja qual for a consciência existente no organismo, ela se torna fascinada pelo charme quase irresistível com que a vida cerca e permeia a realização sexual. Contudo, a resistência é possível, e normas definidas de resistência são estabelecidas com bastante rigidez em nome da moralidade social, ou até mesmo (em caso de incesto) da preocupação com a herança genética da progênie potencial. A finalidade biológica do sexo é logicamente gerar prole, e esta finalidade nos seres humanos com freqüência toma a forma de um anseio por crianças, em especial na futura mãe. Mas como os seres humanos vivem em sociedade e são submetidos constantemente ao poder dos valores religiosos e sociais e das formas esperadas de comportamento (segundo nível), o anseio instintivo é adaptado aos padrões coletivos (inclusive o mero modismo) que pelo menos canaliza as suas manifestações conscientes – ou antes, as manifestações aceitáveis para um ego, cuja natureza é estabelecer modelos de adaptação entre os imperativos sócio-culturais e a satisfação das necessidades biológicas.

Nos seres humanos saudáveis, viver em sociedades que de modo geral permitem ao poder do instinto cumprir a finalidade estritamente definida por sua liberação em resposta às necessidades humanas básicas, o sexo biológico encontra satisfação com bastante facilidade, e por si mesmo não impõe situações conflituosas. A resistência e o jogo de fuga femininos fazem parte da resolução dos problemas de superar qualquer diferença no caráter individual dos parceiros incitados. Mas quando os seres humanos tornam-se cada vez mais individualizados, e os obstáculos sociais e morais interferem na realização dos relacionamentos sexuais, aparece toda a sorte de problemas. Na verdade, estes obstáculos transformam-se em meios através dos quais o impulso de se individualizar, em protesto contra as interferências sócio-culturais, ganha força – com freqüência um trágico tipo de força.

Quanto mais uma pessoa se torna distinta e talvez violentamente individualizada (terceiro nível), mais ela experimenta uma cruciante sensação de separação – daí o isolamento e talvez a total alienação do contexto social e até mesmo de outros seres humanos. Estas sensações de separação e isolamento são, no entanto, desafiadas pelo impulso instintivo de união biológica com outro ser humano sexualmente complementar. O resultado disso é, ou o aprofundamento da psiconeurose, ou as situações sexuais onde os elementos de conflito, anormalidade, e talvez de violência mesclada com desespero, fazem-se presentes de uma forma mais ou menos destrutiva que, no mínimo, inibe a felicidade no relacionamento e freqüentemente produz trágica sensação de impotência.

O sexo, pois, na maioria das vezes decai para uma função bem insignificante, uma brincadeira para aliviar a pressão dos impulsos biológicos frustrados, e, talvez, um meio de exercer poder sobre outro ser humano. O sexo também pode ser utilizado deliberadamente não só para contrabalançar a solidão da pessoa solteira, mas ainda para tentar atingir um nível de consciência e poder que, como se pensa, pode advir somente da interação – mesmo que isso signifique o confronto – de dois corpos polarizados e seus sistemas nervosos.

No primeiro exemplo, o sexo enquanto brincadeira (que se espera não terá conseqüências biológicas) é visto como uma espécie de fuga do tédio, do cansaço ou da tensão; ele tende a se tornar refinado, civilizado, e é empregado na busca de sensações incomuns e, se possível, sempre novas. Caso ambos os parceiros operem no mesmo nível, e encontrem no jogo sexual prazer, excitamento e uma sensação euforizante temporária de "estar-no-corpo" – um antídoto contra o cansaço e o vazio intelectual, profissional ou dos negócios – tudo estará bem, desde que não resulte em gravidez. Infelizmente, um dos parceiros pode operar no nível biológico, a partir do qual normalmente surgem emoções profundas e um desejo de estabilidade e de gerar prole, enquanto o outro vê o sexo só como uma brincadeira e uma fuga – ou talvez até como um modo de fruir uma sensação de poder sobre o seu companheiro. Então a situação interpessoal pode criar tensão e infelicidade agudas no parceiro que está profundamente envolvido, enquanto a intenção recreativa do outro também é frustrada, talvez pelas cenas emocionais.

O sexo pode ser utilizado em outro nível (quarto) como um processo transformador e regenerador; em alguns casos, e em algumas culturas em particular, como um ritual no qual o homem e a mulher experimentam conscientemente a ação rítmica da força impessoal da vida em sua manifestação bipolar, pois ela movimenta os seus corpos e desperta a sua consciência. Nos dias de hoje, devido à relativa popularidade da filosofia tântrica da Índia, ouve-se muito sobre tais experiências, ou ainda, na maioria dos casos, sobre seus reflexos sentimentais. Acrescente-se a elas uma boa dose do conceito de "almas gêmeas". O que há nisso, apesar das exceções, é uma tentativa emocional de evadir-se, ou ao menos de buscar uma alternativa para o tipo de existência egocêntrica e intelectual tão predominante em nossa sociedade atual. Uma insatisfação aguda com os interesses superficiais, os horizontes estreitos e as insistentes exigências do que elas chamam de "eu" impele, e às vezes compele, um número crescente de pessoas a almejarem uma espécie de diluição em um estado de ser vago, transcendente, um certo padrão de consciência e sensação enlevados. Para muitos, a realização sexual parece ser o único caminho aberto para isso. Até mesmo as tensões e as cenas dramáticas tão freqüentes no relacionamento homem-mulher podem ser esquecidas, embora nem sempre resolvidas no que diz respeito às suas causas, quando a energia elétrica da função sexual explode, anulando por um tempo a inquietante sensação de insegurança do ego e de isolamento. O sentimento pode durar apenas um instante, mas isso acontece na maioria das "experiências de apogeu" quase-místicas. Não obstante, a lembrança de um tal estado impessoal, que a maior parte das pessoas quer acreditar seja suprapessoal, pode permanecer: um refúgio subjetivo quando a monotonia das horas vagas se tornar por demais insuportável.

Assim, com muita freqüência, o sexo pode ser buscado como a fuga que, através de um processo de racionalização, a mente, repleta de diversas idéias secretas, transforma e glorifica em sublimação. Contudo, qualquer sombra pode testemunhar a realidade da luz. A energia da vida, bruta e inconsciente, quando perfeitamente controlada pela vontade, e disciplinada por determinado ensinamento mais ou menos secreto e antigo, pode ser inflamada até um estado transmutativo no qual misteriosa alquimia da consciência e repolarização de todo o ser são possíveis. O fator-chave, entretanto, é o *controle;* e controle implica disciplina. O que está em jogo não é um despertar impetuoso, emocional, mas um processo cujas fases devem ser compreendidas, e cujos efeitos têm de ser aceitos sem reservas pela "pessoa" central, e não meramente aprovados pela mente exaltada.

Vários símbolos têm sido tradicionalmente associados com este processo de transmutação alquímica, não só da força do sexo mas também da energia biopsíquica global, muito da qual permanece latente no organismo. O símbolo da fênix e o da serpente que se transforma em águia são famosos. A astrologia relaciona-os com o signo zodiacal de Escorpião, que é associado com muita freqüência à atividade sexual *per se.* Tal associação está apenas parcialmente correta, pois o sexo estritamente biológico, procriador, deveria ao invés disso estar relacionado com o signo vernal de Touro, o símbolo da fertilidade, porém, da procriação sexual inconsciente, instintiva e compulsória. Se Escorpião, um signo outonal por onde passa o Sol à medida que as energias da vida vegetal estão retornando para as raízes, for identificado com o sexo, deve estar claro que a identificação é somente com o aspecto *humano* do sexo – sexo não enquanto *ação* que conduz a mais vida, mas enquanto *reação* a uma condição de auto-individualização e isolamento que exige determinado esforço para experimentar um tipo de atividade e consciência complementares.

É por isso que, no nível humano de existência, o sexo, e a emoção passional e incontrolável do amor, que surge da sensação de que a outra pessoa é justamente aquela com quem a união é possível, possui com tanta freqüência um caráter trágico inerente – daí a associação de um grande amor com a morte. Tal amor é uma tentativa compulsória de transcender aquilo que, no atual estado de existência social e egocêntrica, nos foi ensinado desde a infância a aceitar como sendo "viver". O verdadeiro processo de transmutação acima mencionado nunca pode ser compulsório. Ele apenas pode ser alcançado com a consciência límpida e por meio de intensa autodisciplina. Ele não implica a perda do ego em um sentimento oceânico, mas, antes, a condensação do oceano em um cálice de formas perfeitas, concebido para receber o elixir de um poder transcendente que é luz mais do que vida.

Eu poderia finalizar aqui esta meditação sobre o sexo, mas parece melhor regressar para as realidades mundanas associadas com o poder que o sexo propicia, hoje talvez mais do que nunca, na vida social dos seres humanos, cuja principal preocupação é ascender aos escalões máximos da ordem social. Devido a essa preocupação, o sexo se torna direta ou indiretamente associado com o dinheiro. Ele se transforma em uma forma de poder social e é utilizado, pessoal ou comercialmente, para obter compensação financeira.

O sexo social está em toda a parte na sociedade americana moderna. Não estou me referindo apenas ao que, sob as suas diversas formas – sem disfarces ou sutis – chamamos de prostituição. Por exemplo, ser fotografada em poses sedutoras com ou sem roupas, certamente pode ser considerado uma forma de prostituição, e existem muitas formas ainda sutis e mais aceitas socialmente. Refiro-me também ao uso sistemático dos incentivos sexuais nos negócios e particularmente em publicidade e propaganda. Tal prática bem pode ser chamada de uma forma de complacência coletiva, que é muito mais difundida e perigosa do que a autocomplacência pessoal. Bem que se poderia falar em uma masturbação mental coletiva, ou ao menos no jogo social erógeno interminável, cujos interesses são o dinheiro. Seria bastante legítimo chamá-la de prostituição intelectual; ela utiliza o poder da imaginação – um dos poderes mais importantes e caracteristicamente humanos – e o coloca a serviço dos incentivos sociais, assim como o *playboy* perseguido pelo sexo emprega o poder biológico básico do sexo para preencher uma existência espiritualmente vazia, ou para amenizar a dor semiconsciente da solidão.

Uma comunidade humana – e de modo geral qualquer cultura – precisa ter algum tipo de poder de integração e um sentido de valor coletivo. No passado, este poder e o valor implicado em seu uso foram utilizados originariamente pela religião – na acepção ampla do termo. Hoje, especialmente nos Estados Unidos, o poder de integração é aquele criado pelos complexos rituais dos negócios e da produção de dinheiro. A meta coletiva é adquirir riqueza, ou ao menos os sinais aparentes de prosperidade. Em sentido pessoal, o impulso principal é o do prazer, e nele o sexo desempenha papel considerável. Um estilo vago de ritual social está em questão; cada classe de pessoas desempenhando-o de maneira particular e autodefinida, modificado apenas em parte pelas preferências individuais.

A pessoa individual, embora condicionada por sua classe e temperamento biopsicológico, em teoria não precisa participar do ritual, mas sua influência globalizante não é facilmente descartável, mesmo nos assuntos sexuais que também estão sujeitos aos modismos coletivos, em especial nesta época, período durante o qual há uma transição caótica em que a humanidade tem de operar. A questão principal, como mencionei no início, é as pessoas conhecerem-se em termos de atividade sexual, ou de experiências quase-sexuais e emocionais, para aperceberem-se do nível no qual estão preparadas, querem e estão aptas para operar – e não só tomarem consciência, mas serem honestas (consigo mesmas e com as outras pessoas) quanto aos seus sentimentos e expectativas.

Em cada nível, muitas dificuldades e obstáculos ou empecilhos, dos quais os parceiros sexuais podem não estar conscientes, são inerentes nos encontros sexuais. Onde quer que polaridades opostas se encontrem, seja na direção de uma explosão de energia ou no estabelecimento de uma corrente estável de força utilizável, tendem a surgir problemas ou ajustes. Eles podem ser superados em um dramático desmantelamento das inibições, ou no processo perseverante e mais estável de concessão mútua. Dualidade implica conflito. Onde quer que a dualidade esteja enfatizada – e ela o está nas personalidades humanas quando cada parceiro insiste em agir como um "indivíduo" com direitos autoconscientes – a "harmonia através dos conflitos" é o lema que caracteriza a situação.

O assunto torna-se cada vez mais complexo quando a forma psicológica (ou biopsíquica), assumida pela consciência do "eu" no seu desenvolvimento através da infância e da adolescência, exibe características que não estão em sintonia com a natureza biológica inata. Pode haver diversas razões para a situação pessoal discordante que recentemente assumiu um caráter quase obsessivo em nosso país (Estados Unidos), transformando-se em tema coletivo e muito difundido. O crescimento de uma subcultura minoritária, baseada no comportamento homossexual, masculino ou feminino, combinado com o movimento de liberação feminina, está agora acrescentando nova dimensão ao aspecto coletivo e social dos problemas inerentes à sexualidade.

Na origem da situação está o impulso evolutivo que impele, passo a passo, um número sempre crescente de seres humanos a lutar pelo desenvolvimento da consciência no nível intelectual que transcende não somente o biológico, como também o devocional; em outras palavras, a tornarem-se indivíduos autônomos, singulares, automotivados e auto-realizados e (eu diria) "des-coletivizados". Este processo evolutivo de individualização é universal. Ele atinge uma minoria de seres humanos de ambos os sexos de maneira focalizada e transformadora; e, direta ou indiretamente, através da influência penetrante e onipresente dos meios de comunicação e da literatura, uma maioria de outras pessoas captam os reflexos do processo com força suficiente a ponto de sentirem uma reação ambivalente tanto no que se refere aos seus instintos biológicos, quanto aos tradicionais tabus sócio-religiosos que foram impostos aos seus egos em formação.

O resultado é um estado generalizado de dissociação biopsíquica e mental. Freqüentemente ele se manifesta como hipocrisia inconsciente ou esquizofrenia amena. A atividade sexual, por conseqüência, dificilmente está livre de elementos neuróticos, seja antes, durante ou depois da consumação de atos sexuais. Nós não podemos, enquanto indivíduos, alterar a situação coletiva ou o impacto maciço dos meios de comunicação e da propaganda obsedados pelo sexo. Podemos apenas tentar perceber, com a máxima clareza possível, o que nos impele a agirmos e reagirmos do modo como o fazemos nos encontros pré-sexuais, sexuais ou quase-sexuais. Podemos apenas nada considerar como certo, especialmente o valor das atitudes propaladas e do comportamento da moda, e tentar encontrar a outra pessoa enquanto indivíduo, com uma consciência clara, objetiva, do nível no qual o nosso próprio enfoque individual e os nossos principais interesses estão focalizados. Podemos apenas tentar ser, no limite de nossa capacidade e disposição, intelectual e emocionalmente honestos – mesmo que isso doa.

Quando o coração está repleto de amor, nele não existe espaço para o medo, a dúvida, a hesitação. E é esta ausência de medo que facilita a dança. Quando cada parceiro ama tanto que esquece de se perguntar se também é amado; quando ele só sabe que ama e se movimenta ao som da música – então, e só então, duas pessoas são capazes de dançar perfeitamente sintonizadas no mesmo ritmo.

Ann Morrow Lindbergh
Gifts from the Sea

CLARA CODD

UM OUTRO ASPECTO DO SEXO

A Ciência Sagrada nos diz que o homem e a mulher juntos representam as forças criativas gêmeas do Universo, positiva e negativa, centrífuga e centrípeta, vida manifesta e vida oculta. No conjunto, o homem é positivo, expressa-se para o exterior; a mulher é negativa, receptiva. Mas nenhum homem é inteiramente masculino e nenhuma mulher de todo feminina. A ciência médica nos diz que todo homem, fisicamente, possui atributos femininos pouco desenvolvidos dentro de si, e toda mulher possui características masculinas silenciosas e pouco desenvolvidas. Às vezes, quando um órgão sexual é removido, as características secundárias começam a se desenvolver, como atestam a feminilidade do homem castrado e certas vezes o aparecimento de características masculinas em mulheres cujos ovários tenham sido removidos. Há ainda um período da vida fetal quando existe a pergunta sobre qual sexo finalmente predominará. Enquanto um é soberano e visível, o outro está sempre em segundo plano, algo assim como o homenzinho e a mulherzinha que saem alternadamente do barômetro em forma de casinha, tão familiar em nossa infância.

Os homens e as mulheres não são rivais, mas cooperadores, sendo inteiramente diferentes na natureza e na aparência. Proibir um sexo de empregar os seus poderes peculiares e o seu ponto de vista sobre a vida da nação, é como fechar permanentemente um olho e querer enxergar tão bem como com os dois abertos.

Lorde Tennyson escreveu com correção:

> Pois a mulher não é um homem subdesenvolvido,
> Porém diverso ...
> A causa da mulher é a mesma do homem; eles crescem ou decaem
> Juntos, como anões ou como deuses, amarrados ou livres.

Forças Cósmicas na Diferenciação dos Sexos

O homem não é apenas um corpo físico. Intimamente entrelaçados e permeando-o existem outros veículos de consciência, compostos de matéria mais sutil dos planos circundantes interpenetrantes. Através destes corpos internos e externos do homem operam forças que descem dos planos de existência superiores, mais sutis.

O atributo eterno da matéria é o seu movimento incessante, o fluxo e refluxo rítmico da vida. O ritmo mais tremendo de todos é a manifestação e o aparente desaparecimento do Universo em si, assim chamado nas Escrituras indianas: "Dias e Noites de *Brahma.*" As "noites", períodos de não-manifestação, são provocadas pelo nivelamento final de todas as forças.

Quando raia um "dia", o primeiro princípio a entrar em ação é a Terceira Pessoa da Trindade Hindu, *Brahman*, a Mente Divina. "*Brahma* meditou e os mundos floresceram." Se Deus não nos tivesse "pensado à existência", nós nunca teríamos sido. O mesmo vale para os nossos pequenos mundos.

Antes de agirmos, pensamos e, portanto, criamos mentalmente. Durante *pralaya,* ou a não-manifestação, o espírito e a matéria, a vida e a forma, tornam-se um só como de fato fundamentalmente sempre o foram. Mas durante um "dia" elas se dividem, e se inicia a multiplicação. Isto pode ser visto na vida de uma célula. Ela tem um núcleo, mas quando vai produzir uma outra célula, surgem dois pólos com uma linha no meio e, nesse momento, existem duas delas. "O Um torna-se Dois." Aqui jaz o real significado do antigo mito do Nascimento da Virgem, atribuído a quase todos os salvadores do mundo. Nos escritos antigos fala-se no espírito como masculino e na matéria como feminina. Matéria-mãe, na verdade. No estado indiferenciado *mare*, o mar, ou númeno de matéria, está imóvel, uno com a vida ou espírito. Quando a manifestação surge mais uma vez, este equilíbrio perfeito fica abalado. A primeira vibração ou comprimento de onda da Mente Divina expande-se através de espaço ilimitado. "O espírito de Deus subiu à superfície das águas." Desse contato com a matéria virgem nasceu o Filho Cósmico de Deus, o Universo.

O mesmo milagre é repetido entre o homem e a mulher. Do seu contato nasce um "filho do homem". As forças criadoras físicas do homem refletem os tremendos poderes criadores da Deidade. Por isso a sua extraordinária santidade aos olhos do mundo mais simples de antigamente. Por serem as forças físicas superiores do homem, sua degradação produz efeitos terríveis. "*Deus inversus demon est.*"

Aquilo que, por falta de um termo melhor, poderíamos chamar de força positiva do Universo flui através dos corpos dos homens, em sua maior parte pelos meridianos do sistema ósseo e muscular. Assim, com bastante naturalidade, consideramos que a glória de um homem é a sua força. Mas através dos corpos das mulheres flui a força oposta, em sua maior parte utilizando o sistema glandular e nervoso, e assim, instintivamente, sabemos que a glória de uma mulher é a sua beleza. A força de atração entre um e outro é claramente compreensível. O princípio positivo masculino sempre busca o princípio feminino mais negativo, para que ambos possam se completar e descansar. No casamento feliz e bem sucedido dois efeitos são evidentes: um é a alegria da criação, o outro é a sensação de grande paz. Toda criação é alegria, não só a criação física, mas a mesma força expressa mental ou espiritualmente. Arquimedes, ao descobrir um princípio científico, correu para a rua gritando com alegria: "Eureka, eu encontrei!" Quando Deus criou os céus e a Terra, todos os filhos de Deus clamaram por alegria, dizem as Escrituras.

Nos princípios íntimos do homem, que constituem o seu "eu" subconsciente ou subjetivo, a relação entre os dois sexos é revertida. No nível emocional, a mulher é positiva e o homem, negativo. Assim, a mulher não-desenvolvida é uma massa de contradições emocionais, muito possessiva com seus afetos e, quando pressionada, inclina-se a tornar-se histérica. No nível mental, a posição está novamente invertida; o homem é positivo, a mulher, negativa. O homem não-desenvolvido tem inclinação para ser egoísta e rígido, um descrente total de tudo o que não possa ser observado pelos sentidos; o homem desenvolvido possui um grande e lúcido poder de raciocínio, e geralmente tem uma perspectiva mais impessoal e maior poder de criação do que uma mulher. Porém, em termos emocionais, o homem é facilmente conduzido. Existe um elemento bastante comovente no amor puro de um homem por uma mulher. Ele é muito capaz de cultuá-la, admirar sua deusa, julgá-la incapaz de cometer erros. Nos níveis intuitivos, espirituais, a mulher novamente predomina. A mulher desenvolvida brilha com a sabedoria intuitiva e o amor altruísta. Freqüentemente ela tem maior capacidade para a abnegação total do que um homem. A mulher apaixonada é uma devota natural. Entrega e serviço são para ela a alegria suprema. Na verdade, pode-se dizer que amar e ser amada é a necessidade primordial da vida de toda mulher. Byron sabia bem disso, pois escreveu:

> O amor é na vida de um homem algo separado,
> Na mulher, a existência inteira.

O fato a ser observado aqui é que os fatores opostos envolvidos na diferenciação dos sexos, não obstante complementares, são altamente necessários e úteis um ao outro. Bem distante de qualquer questão sobre a união física, o intercâmbio ativo de pensamento e ação entre os sexos é altamente benéfico para ambos. A amizade de um homem ajuda uma mulher a definir os seus pensamentos; a amizade de uma mulher inspira e acalenta a imaginação de um homem. Portanto, descobrimos que muitos grandes homens tiveram ou uma grande esposa ou uma grande mãe, enquanto outros homens talentosos não alcançaram aquilo que poderiam ter realizado, por não terem sido abençoados com este tipo de associação.

O Fator Supervalorizado

A prevalência mundial dos problemas sexuais deriva do exagero de um fator do sexo, sua gratificação física. Quando a gratificação física é o fator único, ou predominante, no relacionamento sexual, trata-se de paixão e não de amor. É bom fazer-se uma distinção entre ambos, pois um pode existir sem o outro, mas quando a paixão for exaltada, purificada e iluminada pelo amor, a união física pode assumir sentido muito belo e inspirado. Ao mesmo tempo em que ela proporciona o maior prazer físico conhecido pelo homem, também pode oferecer um canal para emoções bastante apuradas e exaltadas. Porque as forças criativas do Universo passam através dos corpos inversamente polarizados dos homens e das mulheres, há uma atração entre os dois não igualada por qualquer outra; pois é complementar e realizadora, e, portanto, imensamente satisfatória. O efeito benéfico do intercâmbio de magnetismo invisível já descrito é ampliado no ato marital, não raro quebrando barreiras mentais e alargando a perspectiva global dos participantes.Um abraço marital feliz e belo pode levar ao que só pode ser descrito como experiência mística, passando cada vez mais intensamente para uma consciência interior, de modo que os amantes se tornam, um para o outro, uma passagem para Deus. Na Índia, isto é conhecido como um tipo especial de *yoga*, denominada *Sahaja*, que conduz a *moksha*, ou libertação, por meio de determinadas atitude e relação passíveis de serem estabelecidas entre os amantes. Isto nada tem a ver, dizem os sábios, com o culto do prazer. É a realização do Uno pelo caminho da não-ação no amor.

> Todo amor engrandece e glorifica
> Até que, nos olhos dos amantes,
> O que era antes simples terra
> Torna-se Deus incandescente.
>
> Robert Browning

Esta experiência quase-perfeita é extremamente rara, visto que exige pensamento superior e idealista por parte dos amantes, e amor tão extraordinário e verdadeiro. Um grande Adepto egípcio escreveu certa vez "Saiba, meu Irmãos, que onde um amor espiritual verdadeiro buscar consolidar-se duplamente através da união pura e perene de dois seres, em seu sentido terreno, não cometerá pecado ou crime aos olhos do grande Ain-Soph, pois isso será apenas a repetição divina dos Princípios Masculino e Feminino – o reflexo microcósmico da primeira condição da Criação. Em tal união os anjos podem até sorrir! Porém são casos raros, Irmão meu, ... O *Ātma* do Homem pode continuar sendo puro e tão elevadamente espiritual enquanto estiver ligado ao seu corpo material; por que duas almas em dois corpos não deveriam continuar sendo puras e impolutas, apesar da união terrena e passageira destes últimos?"

Na grande maioria, tal consumação nunca é obtida. Com demasiada freqüência a paixão não traz a luz do amor, com demasiada freqüência o esposo considera o usufruto da pessoa da esposa como sua conveniência física e seu direito, procurando-a e utilizando-a ansiosa e impensadamente, com conseqüências muito desastrosas. No reino animal existem épocas de acasalamento, e no resto do tempo o anseio por união é aquiescente. O homem, em virtude dos seus dons de memória e antecipação, intensificou muito em si mesmo o impulso sexual, muito além dos limites da ordem natural. Ele é vulnerável a tais impulsos o tempo todo.

O resultado é assustador. Permitam-me citar *A Doutrina Secreta* de Madame H.P. Blavatsky:

> Os poderes criadores do homem foram um dom da Sabedoria Divina, e não conseqüência do pecado... tampouco recaiu sobre os homens a maldição do *karma* porque houvessem procurado a união natural, como o fazem todos os animais sem mente, nas épocas próprias, senão por terem abusado do poder criador, por terem profanado esse dom divino e mal gasto a essência vital sem outra

> finalidade que a de satisfazerem suas paixões bestiais... Nos primeiros tempos, a concepção era tão fácil para a mulher como para toda a criação animal. Nunca esteve no plano da Natureza impor à mulher que desse à luz aos seus filhos "com dor" ... Porque a semente da mulher, a luxúria, *esmagou a cabeça* da semente do fruto da *sabedoria e do conhecimento*, transformando o sagrado mistério da procriação em satisfação animal; como conseqüência, alterando gradualmente, sob os aspectos fisiológico, moral, físico e mental, toda a natureza da Quarta Raça humana a tal ponto que, depois de ser, na Terceira Raça, o rei pleno de saúde da criação animal, o homem se converteu, na Quinta Raça, que é a nossa, em um ser débil e enfermiço, e veio a ser, na Terra, o mais rico herdeiro das doenças constitucionais e hereditárias, o mais consciente e inteligentemente bestial de todos os animais!... Esta é a verdadeira maldição sob o aspecto fisiológico... A evolução intelectual, progredindo lado a lado com a evolução física, certamente tem sido mais uma maldição que uma bênção, um dom vivificado pelos "Senhores da Sabedoria" que espargiram sobre o *Manas* humano o frescor rocio de seu próprio Espírito e Essência. (*A Doutrina Secreta*, Vol.III, p.428-29, Editora Pensamento).

Isto foi personificado pelos gregos no mito de Prometeu, que trouxe o "fogo" do céu. Madame Blavatsky continua (p.430):

> Ao que responde Prometeu:
> Sim, e o fogo também lhes dei.
> O coro:
> Então as criaturas efêmeras o fogo flamante possuem? Prometeu: Sim, e muitas serão as artes que virão por ele aprender... Mas, com artes, o "fogo" recebido se converteu na pior das maldições; o elemento animal e a consciência da posse desse fogo transformaram o instinto periódico em animalismo e sensualidade crônica. É isso que pende sobre a humanidade, qual pesado manto funerário... O mundo animal, que é guiado apenas pelo instinto, tem suas épocas de procriação, ficando os sexos neutralizados durante o resto do ano. Por isso, o animal livre somente conhece a enfermidade uma vez em sua vida: antes de morrer.

Temos lido bastante a respeito de sublimação nos dias atuais, mas a maioria das opiniões parecem ser vagas ou de pouco valor prático. A sublimação é possível, mas sua origem e razão de ser não são compreendidas. A verdade é essa: em todo o Universo só existe uma única vida e ela é eternamente criativa. Ela perpassa todos os planos da matéria e todas as fases de existência. Os hindus chamam-na de *prana*. Atuando em nossa estrutura mental, ela estimula a descoberta, a curiosidade mental e o pensamento criativo. A "alegria da criação" aqui significa a alegria da descoberta e da invenção. É por isso que os intelectuais costumam possuir menor compulsão sexual em relação às outras pessoas. Neles a força criadora tomou outra direção. Emocionalmente, a corrente da vida se apresenta como admiração, amor, êxtase. Fisicamente, ela se mostra como vitalidade, em especial na função sexual criativa. A resposta é fácil de ser encontrada aqui. Aumente-se o fluxo da capacidade de criação em outros planos do ser, e a pressão sobre o plano físico será menor.

O estudo e a pesquisa intelectual livre, a vida regrada e os exercícios físicos diários são fatores que contribuem para o controle sobre o sexo, mas o maior de todos eles se encontra na natureza emocional, e nas suas contrapartes superiores, os princípios espirituais e intuitivos. O homem moderno perdeu a sua capacidade espontânea e natural de sentir. Ele sofre de intermináveis "repressões", e estas, na maioria dos casos, reportam-se ao início da infância.

Entretanto, o fator principal é esquecido e não desenvolvido: a natureza emocional. Mais que de pão e de conhecimento, a vida do homem depende do crescimento livre e saudável da natureza do amor e do desejo. A própria palavra "emoção" mostra o seu sentido, a força motriz por detrás da vida. É necessário ao homem amar, admirar, usufruir, compartilhar com generosidade, cooperar. Caso contrário ele não consegue levar uma vida feliz e útil. Estas qualidades são a ação da vida criativa no "eu" emocional, e se forem desenvolvidas com liberdade e beleza, o homem terá a capacidade de sublimação mais admirável da criação. Os poetas são bastante conscientes disso. Com muita freqüência os poetas nos ensinam mais que imaginam, e melhor do que os filósofos. Wordsworth escreveu:

> Vivemos da admiração, da esperança e do amor,
> E exatamente como estão bem e sabiamente colocados,
> Na nobreza do ser ascendemos.

Muitas pessoas esqueceram como exercitar e manifestar suas emoções. Pensam que não amam coisa ou pessoa alguma, e que ninguém as ama. Reprimida nas vias normais, a natureza emocional se vinga, manifestando-se por caminhos indesejáveis. Se ensinássemos os nossos filhos a amarem de verdade e a admirarem com generosidade, eles teriam poucos problemas com sua natureza sexual nos anos subseqüentes.

Secretamente vinculado à natureza emocional encontra-se o homem espiritual, operando no assim chamado nível aspirativo e intuitivo. Existe uma ligação sutil entre ambos; por isso o elo permanente entre a religião e o sexo. Ela reside no fato de que o impulso criador no plano físico é o pólo inferior dessa força mística, criativa, que, ao final, guia a alma para a "união com Deus". A religião pode ser e é forma poderosa de sublimação.

Amor, culto, adoração, admiração: estes são os verdadeiros solventes. Muitos casais, unidos unicamente por atração sensual, nunca se perdoam por estarem privados do amor, e assim o mais terrível de todos os sentimentos, o implacável ódio marital, tem início entre os dois.

A Qualidade do Amor

Será o amor uma "arte", e poderá esta ser aprendida? Sob certo ponto de vista, nada mais temos a aprender. Mas o amor, o verdadeiro amor, abnegado, generoso, divino, é resultado do amadurecimento lento, e precisa de muitas encarnações para se desenvolver. Ele é tanto uma ciência quanto uma arte, as eternas mãos direita e esquerda de toda a força. Ciência e religião, sendo esta última tão somente o enfoque "artístico" da vida, não se contrapõem. Uma apenas complementa a outra. O caminho da ciência é de baixo para cima, por meio da investigação paciente, abnegada. O caminho da arte é de cima para baixo, iluminando e inspirando a mente e o coração com a infusão brilhante da intuição divina. Cada qual explica o outro, mas talvez os vôos divinos da arte penetrem mais fundo na luz celeste do que a marcha paciente e constante da ciência pois, conforme o afirma George Sand: "A mente procura, mas é o coração que encontra".

Assim como existe uma arte da adoração a ser aprendida por meios cada vez mais nobres e refinados, também existe uma arte do amor a ser aprendida por modos de amar cada vez mais nobres e elevados. Um grande amante é na verdade um artista, tendo conquistado esta capacidade divina pelo sacrifício e pelo sofrimento. Tal como o poeta, ele já nasce com esta capacidade, não a adquire e tal fenômeno não é tão comum quanto muitas pessoas querem supor. Feliz do homem que possui esta capacidade; que ele não peça outra ventura, pois dentro dele está a "Luz do Mundo". Há um antigo provérbio afirmando que é o amor que faz o mundo girar. De fato, sem amor, que é a força criadora da Deidade em nossas almas, tudo deixaria de existir. Descartes afirmou: "Penso, logo, existo". Coloquemos a frase nos seguintes termos: "Amo, logo, existo". Pois aquele que não ama já morreu.

Um relacionamento na vida é uma aula na escola do amor, ensinando um ângulo de amar. Para colhermos o seu poder total não devemos permitir que o vício da posse egoísta nos apanhe. O ciúme geralmente é considerado um sinal de amor, mas é apenas uma prova de amor por si mesmo. É "natural", mas nós podemos sair do natural para o sobrenatural. Em uma antiga Escritura tibetana estão enumerados sete tipos de amor, quatro pertencentes aos deuses e três aos homens. O mais inferior dos três tipos relativos ao homem é a mera atração física, também compartilhada por átomos e moléculas. Este se esgota tão logo seja satisfeito. Um tipo mais elevado é chamado de psíquico; tem uma base recíproca: eu te amarei se tu me amares, e me deves algo por eu te amar. Esta forma traz em si o germe da sua própria morte. A terceira forma já se aproxima dos tipos divinos e é um pouco difícil de ser alcançada pelos homens, portanto, geralmente tem de ser aprendida. Trata-se de amar o ser amado de tal forma que desejemos apenas o seu bem e segundo seus próprios termos. Um tal amor é imortal, e eras não conseguem extingui-lo. Existe uma lenda sobre uma devotada esposa indiana que, aproximando-se do Senhor Buda, quando Ele estava na Terra, perguntou-Lhe de que modo ela poderia ter certeza de ficar com o seu amado esposo em todas as vidas futuras. O Bem-Aventurado respondeu que se ela fosse fervorosa, terna e clemente, ele ligaria seus corações por todas as vidas seguintes.

O amor no sentido mais elevado é destituído de egoísmo e muitas das mágoas, muitas das perdas, servem para ensinar à alma este segredo supremo. O amor imortal é como o Sol, que ilumina o mundo por ser luz, nada pedindo em troca. A possessividade é uma impureza não expurgada, e, portanto, a bênção divina do verdadeiro amor ainda não pode chegar, pois a Visão Divina em toda a sua glória só se revela aos "puros de coração".

Quando o sexo é enaltecido pelo amor, aquele se purifica, se exalta; e de fato pode, conforme dito antes, tornar-se uma passagem para Deus, para o Rei em Sua beleza. Como devem ser raros, maravilhosos e admiráveis os amantes a quem isto acontece! Contudo, isso pode acontecer.

> Oh! mundo como Deus o fez, tudo é beleza,
> E sabendo que isto é amor, e amor é dever,
> O que mais pode ser pretendido ou revelado?
>
> Robert Browning

Simplesmente amar outra pessoa como fonte de satisfação pessoal é o que Madame Blavatsky denominou "*égoisme à deux*" (egoísmo a dois). Um amor assim não perdura. A onda vibratória entre os dois amantes deve ser fechada, formando um triângulo. O amor entre um homem e uma mulher possui curiosa qualidade: por si só não sobrevive. Deve ser consagrado a um ser Superior, e por Ele santificado.

> Eu não poderia te amar tanto assim, querida,
> Se não amasse ainda mais a honra.
>
> Richard Lovelace

E Platão escreveu:

> Os homens chamavam o Amor de Eros, porque tinha asas; os Deuses chamavam-no de Pteros, por ter a virtude de conceder asas.

Finalmente, para finalizar, o *Amor* deve santificar o sexo. O amor, a camaradagem, a tolerância e o respeito mútuos devem começar a despontar desde os primeiros dias do casamento, ou o rompimento futuro será inevitável. Feliz do casal que se tornou amigo permanente um do outro, antes que o tempo da paixão começasse a minguar. O grande psiquiatra Carl Jung declarou o mesmo que o instrutor espiritual Krishnamurti. Jung escreveu: "Quando houver um problema sexual, este somente poderá ser resolvido pelo amor." E Krishnaji afirma: "Não há problema sexual que não possa ser solucionado pelo amor." Portanto, uma vez mais, nas palavras do antigo ditado latino: *Omnia vincit amor*, "O amor tudo vence."

Embora a preponderância das características masculinas e femininas determinem o sexo nas formas superiores da vida orgânica, cada indivíduo possui simultaneamente qualidades masculinas e femininas. Quanto maior o estado de desenvolvimento espiritual, maior a interpenetração das características masculinas e femininas. Os maiores artistas, poetas e pensadores conseguem expressar com igual perfeição a psique do homem e da mulher, o que significa serem capazes de experimentar dentro de si o masculino e o feminino. O santo, o beato, isto é, aquele que tornou-se integral e completo, polarizou o masculino e o feminino em si mesmo e atingiu um estado de perfeita harmonia.

Lama Anagarika Govinda
Creative Meditation and Multi-Dimensional Consciousness

ELISABETH HAICH

A ENERGIA SEXUAL EM SEU ASPECTO FALSO E VERDADEIRO

No *Apocalipse* (5:6) lemos sobre o modo como o *Logos*, sob a forma de um Cordeiro com sete chifres e sete olhos, veio a encarnar-se na matéria, a dar-lhe vida, espiritualizá-la e levá-la de volta para Deus:

> ...entre o trono com os quatro Seres vivos e os Anciãos, vi um Cordeiro de pé, como que imolado (na matéria, no corpo, o espírito sente como se tivesse sido imolado). Tinha sete chifres e sete olhos, que são os sete Espíritos de Deus enviados por toda a Terra.

E: "Eis o Cordeiro de Deus, que tira o pecado do mundo." (João 1:29). Tirar o pecado do mundo significa o espírito aceitar o fardo dos atributos da matéria. Para o corpo, que é matéria, os atributos da matéria não são pecado; para o espírito, sim. Os atributos, a saber, as leis da matéria, são diametralmente opostos aos do espírito. Na Epístola aos *Gálatas* (5:17-18), Paulo afirma:

> Pois a carne tem aspirações contrárias ao espírito e o espírito, contrárias à carne. Eles se opõem reciprocamente, de sorte que não fazeis o que quereis. Mas se vos deixais guiar pelo Espírito, não estais debaixo da lei (da carne, da matéria).

As leis da matéria são a contração, o resfriamento, a rigidez, o endurecimento e a solidificação. As leis do espírito são o fogo, o aquecimento, o calor, a expansão e a irradiação. Portanto, é pecado para o espírito manifestar os atributos da matéria. E da mesma forma, é pecado para a matéria manifestar os atributos do espírito. O Cordeiro de Deus é espírito, e se ele incorpora-se à matéria deve sujeitar-se às leis da matéria e aceitar os atributos da matéria que, para o Cordeiro, constituem pecado. Somente desse modo o *Logos* consegue espiritualizar a matéria e levá-la de volta para Deus.

O princípio criador, *Logos*, o Cordeiro de Deus, descreve a si mesmo noutra passagem da Bíblia: "Eu *sou* o Caminho, a Verdade e a Vida. Ninguém vem ao Pai a não ser por mim." (João 14:6). Assim, a vida que *eu mesmo sou*, nas próprias palavras do *Logos*, é em si o caminho pelo qual vamos ao Pai. Com esta finalidade a vida incorporou-se pela primeira vez à matéria, a partir dela formou um invólucro compatível, um corpo, e neste corpo criou órgãos capazes de gerar sempre mais corpos. A corrente divina da vida flui ininterruptamente através destes corpos, formando células sempre novas, que se tornam cada vez mais capazes de sustentar e manifestar as vibrações do espírito como resistência. E enquanto o invólucro material, vivo e ainda inconsciente – a pessoa – vive sua vida obscura, ela está sendo contorcida, na verdade atormentada, em sua mente inconsciente pela vida que, em sua forma materializada, é energia sexual. Isto ocorre para que a sua consciência possa ser desperta. Na parte individual, ainda inconsciente deste ser material, o "Eu" superior do homem primitivo, *Logos*, o impele constantemente por meio da energia sexual a tornar-se consciente em si mesmo, em seu corpo material, e a vir a conhecer a essência do seu ser mais profundo, Deus, ou seja, a *atingir o autoconhecimento.* Enquanto o homem permanece inconsciente, experimenta Deus em si como desejo sexual. Ao tornar-se consciente, ele sente Deus como o seu próprio "Eu", como seu próprio ser real, como *Eu Sou!* – Deus é para o homem o *estado de autoconsciência* absoluta.

Dessa maneira, a vida, o ser eterno, Deus, ajuda a si mesmo a ganhar maior consciência na matéria, no corpo, até que a ocasião do maior dos milagres se apresente: a mesma autoconsciência abraça as leis espirituais e materiais em oposição, a matéria é espiritualizada, e neste corpo espiritualizado o princípio criador, *Logos*, o Cordeiro de Deus que morreu na matéria ao nascer, é afinal ressuscitado após anos de desenvolvimento, e torna-se novamente Deus. O Cordeiro e sua esposa, o *Logos* e a consciência do ser físico, tornaram-se *um só*. O casamento divino, místico, foi consumado!

A não-compreensão das Escrituras e o ensinamento religioso equivocado levaram o homem ocidental a ver a procriação contínua de novas gerações, sem as quais a vida cessaria, e a fruição física e a sensação de prazer a ela associada, como obra do Demônio. Ele permitiu que o conceito do "pecado original" fosse gravado em sua mente, e na verdade até os dias de hoje considera obscenos e pecaminosos os órgãos físicos necessários à procriação. Como é admiravelmente pura e divina, por outro lado, a concepção de alguns povos asiáticos antigos e contemporâneos que vêem o órgão genital masculino, o linga, como algo sagrado, e cultuam-no como forma material externa do divino, uma vez que o seu propósito real é manifestar e propagar o supremo: a vida, o ser eterno, Deus, por meio da matéria, por meio do corpo. É ingênuo até certo ponto supor que o culto dos orientais ao linga envolva a adoração do órgão masculino meramente físico. Será que no Ocidente ainda acreditam que a antigüidade e os orientais, que atingiram a suprema cultura, tenham sido e sejam tão tolos a ponto de cultuar um membro do corpo em específico? Os orientais nunca cultuarem a matéria ou o corpo enquanto tal, mas antes a divindade manifestando-se por meio de uma forma material! Toda a sua filosofia religiosa, seu absoluto menosprezo pelo físico mostram claramente esta mentalidade exaltada. De modo semelhante, o homem ocidental está bastante equivocado ao ver nada mais que simples pornografia nas nobres representações do ato sexual que adornam os majestosos templos do Sol em Konarak, Bubaneshvar, e outros templos indianos. Os indianos inspirados, que criaram estas obras de arte empolgantes, magníficas, não viam o ato sexual como obsceno, mas como a imitação do estado primal de Deus, como a imagem da vida, na qual dois pólos repousam um dentro do outro e na qual uma vida nova, uma nova encarnação, se faz possível. Eles viam o ato sexual como a própria deidade que se manifesta através da matéria, dividida em duas metades, em dois sexos, mas também reunidas pelos sexos para propagar a vida terrena na matéria, de forma que a grande meta possa ser atingida e realizada, espiritualizar a matéria, alcançar a autoconsciência divina na matéria, experimentar a ressurreição da consciência humana em Deus!

É um mistério que a raça branca tenha vindo a considerar o ato sexual, que nos deu deu a vida e aos nossos filhos, como algo obsceno e não mencionável. Se é algo de que se deve envergonhar, por que as pessoas com tais pontos de vista continuam a praticá-lo? E por que então Deus criou o mundo segundo estas pessoas, de maneira que este ato pecaminoso seja absolutamente necessário para a procriação das criaturas vivas?

Que enorme diferença existe entre as concepções oriental e ocidental. Por um lado, o linga é visto como a corporificação das forças da vida, e nele o divino é cultuado a fim de gerar filhos; por outro, o órgão genital foi excluído das representações perfeitas, clássicas, dos deuses gregos e romanos, e as partes impudicas foram cobertas com uma folha de parreira ou de figo. (É como se alguém tivesse desejado atrair mais atenção sobre eles). Os homens que agem desse modo traem a sua própria patologia sexual. Em vez de verem o ato sexual como a consumação exaltada do desejo de unidade, de amor, como o ato doador de vida em imitação a Deus, que propicia real contentamento e felicidade, eles o consideram como um fim animalesco em si mesmo, bom somente para o prazer sensual devasso e depravado, que nada tem a ver com o amor e a verdadeira felicidade. Se estas pessoas pensassem de maneira diferente, não teriam motivo para cobrir os órgãos genitais como se fossem algo obsceno. Por sua própria mentalidade primitiva elas mesmas projetam a sombra da obscenidade sobre os órgãos genitais. Estas pessoas arrastam o divino para dentro de sua própria impudicícia. Entretanto, o erro não está no divino, na força vital e no ato sexual, e sim na atitude daqueles que pervertem estas coisas das quais eles têm real motivo para se envergonhar. Não é de admirar que chegasse a hora de o pêndulo balançar do melindre para a outra direção. Como resultado, existem hoje muitas pessoas patológicas que, por um lado, atribuem importância excessiva à sexualidade, buscando o motivo sexual, para cada distúrbio mental e, por outro, fazem alarde da energia sexual, provocando relações sexuais desinibidas em todas as oportunidades. Como se a união sexual fosse um cigarro a ser fumado e depois jogado fora e esquecido! Estas pessoas não sabem que a energia sexual é uma manifestação da natureza do próprio homem, e que não pode haver relação sexual sem auto-entrega, consciente ou inconsciente. O parceiro, seja homem ou mulher, não é objeto para ser usado e descartado, mas criatura viva, também possuidora de uma alma humana. Isto é válido até para as prostitutas! Estas pessoas perdidas tentam satisfazer sua ânsia por felicidade e estabilidade mental através da relação puramente física, sexual. As pessoas anseiam por amor, não pela gratificação puramente física.

É um erro temível procurar amor na sexualidade sem alma e tentar substituí-lo pela sexualidade. É bastante natural que as mulheres que nunca receberam a menor expressão de amor por parte dos seus cônjuges "mortos", sem vida, desinteressantes e desinteressados, acreditem que os sinais de ternura mostrados por um marido interessado pela esposa durante o breve espaço da excitação sexual constituem o amor e, portanto, queiram ter relações sexuais com os seus maridos tanto quanto puderem. Isto não porque estejam interessadas primariamente na relação sexual em si, mas porque anseiam por "um pouquinho de amor". Se o marido as decepciona, e surge uma oportunidade – o que quase sempre acontece! – então elas tentam receber amor de um outro homem e experimentar ao máximo a sexualidade. Na maioria dos casos elas realmente não fazem isso por frustração física. O corpo exige gratificação sexual com muito menos freqüência do que se imagina! Os homens anseiam para que as mulheres olhem para eles e os admirem como manifestação superior de Deus, como homem. Se um homem não obtiver este reconhecimento em casa, certamente encontrará outra mulher que lhe preste o tributo da admiração, e depois disso, em geral, parecerá que ele só queria sexo. O homem bem como a mulher procuram o "amor" da sua, ou seu, amante, mas estão enganados ao acreditarem que o recebem do "outro" parceiro. Eles se encontram em segredo e, porque sempre esperam uma relação sexual, ficam em estado de excitação sexual. E a sexualidade imita o amor. Ela compele à ternura e aos abraços, força os amantes a se entrelaçarem, a aliviarem as dores um do outro pelas revelações da sexualidade, como quando o amor verdadeiro é compartilhado. O que vem depois dessas experiências? Frustrações, um amargo sabor restante, acusações mútuas ou solidão desoladora e, no caso das mulheres, não é rara a sensação desesperada de exploração e esvaziamento. Nenhum dos dois deu amor verdadeiro, mas apenas esperou recebê-lo, portanto, nenhum, o recebeu! O amor nunca pode ser substituído pela sexualidade vazia, puramente física! E a humanidade anseia, definha por amor! Estas incontáveis pobres almas, que são ainda pouco mais que crianças e que, muito em virtude de o estilo "civilizado" de vida não mais conduzir ao amor, tendo recebido, talvez, pouco amor de seus pais, entregam-se a aventuras e excessos sexuais por estarem em busca do amor! As muitas pessoas doentes da alma, jovens ou velhas, podem somente ser curadas pelo amor, e não sendo vulgarizadas pela relação sexual ou querendo libertar-se das inibições sexuais, persuadindo-se a levar uma vida sexual dissoluta, promíscua e indiscriminada. Quantas destas pessoas, jovens e velhas, buscam conselhos sobre como recuperar sua pureza física e espiritual, perdida depois de um tal tratamento psíquico irresponsável. E se alguém lhes demonstrar apenas um pouco de amor e compreensão, elas retornam à vida curadas e prontas para se tornarem membros úteis da sociedade. Nós não encontramos uma sequer dessas pessoas que tenha sofrido "repressão" ou "trauma" a partir da pureza a elas prescrita. Por "pureza" entendemos, naturalmente, não só uma vida amorosa moderada, mas também saudável, por estar baseada no amor.

Depois do balanço na direção da "permissividade" extrema, indiscriminada, e dos falsos conceitos de "liberdade" sexual motivados pela "repressão" e pelo "trauma", tentemos agora equilibrar o pêndulo no meio e chegar a uma concepção normal de sexualidade.

Devemos seguir o exemplo dos grandes iniciados que não vêem a energia sexual como força maligna, mas entendem seu segredo e sabem que ela é o único meio pelo qual os seres humanos podem alcançar o objetivo final – Deus. Aqui, mais uma vez, revela-se a sabedoria infinita com a qual toda a criação foi iniciada. Assim como somente a nossa ignorância nos traz conhecimento (vide Elisabeth Haich: *Ein paar Worte über Magie*), do mesmo modo, apenas a energia sexual nos libera dela mesma. Ela nos liberta dos próprios desejos sexuais que, com freqüência, desperta e nos conduz da mortalidade, da morte, à redenção, à ressurreição, à VIDA.

Os alquimistas medievais, os Rosacruzes, descreveram este processo de desenvolvimento com muita habilidade: o sábio cria a pedra filosofal colocando a sua árvore da vida em um recipiente cheio do elixir da vida. Este é constantemente aquecido pelo fogo do dragão, energia sexual, para fazer a árvore brotar.

Portanto, não desprezemos a sexualidade nem a vejamos como força maligna que reduz o homem a animal, nem nos permitamos extrair dela tal força.

Olhemos para a energia sexual como sendo a chave que nos abre a porta existente entre o espírito e o mundo da matéria, desde o superior até o inferior mas também deste para aquele. Vejamo-la, então, como o ímpeto divino que nos permite criar novas gerações, propagar a vida do alto para dentro do corpo terreno, mas também elevar o homem tirando-o de sua animalidade e transformando-o em um ser espiritual, ajudando-o assim a vencer a morte. Devemos ser gratos por essa energia sexual, convenientemente empregada, nos dar tanta felicidade em ambos os caminhos. No caminho para baixo ela é breve e passageira, no caminho para o alto é a felicidade eterna.

Utilizemos o seu fogo para fazer florescer e brotar a nossa árvore da vida. Lembremo-nos de que o homem primitivo ainda está no nível mais baixo de sua consciência. Em seu egoísmo animal, ele vive de todo isolado e preso dentro de si mesmo; seu coração ainda está inerte, e ele ainda não tem qualquer pista sobre o sentido do amor. A energia sexual, esse fogo elementar, sozinha é capaz de aquecer pela primeira vez o seu coração inerte. E mesmo que durante a breve excitação sexual ele consiga experimentar e expressar apenas um indício de amor, não obstante esse é o primeiro vislumbre do amor divino. Por meio da sexualidade ele se familiariza pela primeira vez com a felicidade derivada da doação. E embora o seu amor emergente não passe de um desejo animal, uma paixão, sua excitação já é, ainda que apenas fugaz e inconscientemente, um impulso em direção à unidade, em direção ao amor! Mesmo que no começo ele sinta este impulso para o amor apenas no corpo, e por isso só consiga procurar gratificação física, é todavia o primeiro reflexo da unidade espiritual no grande "Eu" que o homem está buscando inconscientemente e que, depois de um longo desenvolvimento, talvez passados anos, ele encontre, porque está destinado a fazê-lo. A energia sexual provoca em nós um desassossego íntimo que nunca nos permite ficar parados. Ela nos incita e compele todo o tempo a encontrarmos o caminho interior depois de muitas perambulações. Em um momento inesperado, dentre os impulsos animais, na "noite", na escuridão da inconsciência, nasce a nossa conscientização, do mesmo modo como o Menino Jesus nasceu em uma manjedoura, em meio aos animais, à "noite", na escuridão. E o homem lança-se na grande senda, decide peregrinar do primeiro despertar da consciência no "Eu" até a paradisíaca consciência universal, até a meta final. E à medida que vai aos poucos tornando-se autoconsciente nesta longa jornada, dentro dele desponta a capacidade de controlar a energia criadora em todas as suas manifestações e de utilizá-la segundo sua vontade. Se ele vier a atingir o nível superior, a fonte do poder divino, será capaz de transformar as formas inferiores de energia do poder criador divino em suas formas superiores respectivas, e com elas poderá controlar e direcionar as inferiores e manifestar todas essas energias por meio dos centros nervosos correspondentes. Vamos travar conhecimento com este poder divino; tentemos por seu intermédio ascender na escada de Jacó, e, assim procedendo, ajudar a energia sexual a transformar-se em suas vibrações superiores, em força espiritual. Onde houver consciência, o poder criador estará operando.

Pois os espíritos, quando o desejam, podem assumir qualquer sexo, ou ambos, tal é a leveza e a descomplexidade de sua essência pura.

John Milton,
Paradise Lost

GINA CERMINARA

O SEXO NAS LEITURAS DE EDGAR CAYCE

À primeira vista pode parecer um pouco incongruente associar assunto tão dramático quanto o sexo com assunto tão teórico quanto a reencarnação; mas, na realidade, pode haver uma ligação muito vital e muito importante entre os dois.

Esta ligação tornou-se visível para mim pela primeira vez quando estava estudando os registros clarividentes de Edgar Cayce. Como muitos o sabem, Cayce efetuou uma estranha espécie de análise, chamada leitura da vida, com várias centenas de pessoas. Estas leituras eram uma espécie de psicanálise das pessoas em questão, com as seguintes diferenças significativas da psicanálise comum: 1) as leituras eram feitas com Cayce deitado em um divã, em vez da pessoa que estava sendo analisada; 2) seguidamente eram efetuadas à distância de muitas milhas entre Cayce e o analisado, apenas com base no nome, endereço e data de nascimento, e 3) elas explicavam uma situação da vida presente em termos de alguma causa de vidas passadas.

Ao mesmo tempo em que essas leituras têm as suas próprias limitações, certamente acrescentam um testemunho importante à validade da clarividência enquanto faculdade da mente humana; e enquanto não se puder alegar que constituam um indício da reencarnação, pelo menos proporcionam uma espécie de prova circunstancial.

Com certeza as histórias de casos de todas essas centenas de pessoas dão novo revestimento à teoria da reencarnação. Abordando-as com embasamento no pensamento teosófico e algum conhecimento do Hinduísmo e do Budismo, eu própria senti como se, sobre o esqueleto de uma hipótese, visse de repente a adição de carne, músculos, correntes nervosas e a palpitante pulsação da vida.

O sexo, como qualquer estudante de publicidade e propaganda sabe, é um fenômeno altamente intrigante, dotado de possibilidades explosivas e acompanhado por um número infinito de ramificações estranhas, belas e terríveis. Nele estão envolvidas as emoções humanas mais intensas: amor, ódio, ciúme, infidelidade, traição, crueldade, sacrifício, devoção. Muitos suicídios e assassinatos ocorrem em função dele. A vida acontece como sua conseqüência. As vidas são dramática e drasticamente alteradas por seu intermédio. Portanto, não é de admirar que o sexo tenha sido a fonte infinita de temas para poesias, canções, peças teatrais e literatura de todo o tipo em todas as épocas.

Assim como todos os outros domínios da vida humana, o conceito de reencarnação permite-nos ver o sexo por uma lente muito mais ampliada, e ao mesmo tempo torna claras e razoáveis questões as quais de outro modo pareceriam caóticas e sem sentido.

Estar em um corpo humano é descobrir-se ou homem ou mulher. Esta circunstância curiosa não só torna a vida mais interessante; ela também a faz mais complicada. Parece que todos nós fomos homens em algumas vidas e mulheres em outras. Pelo menos a mudança de sexo é geralmente aceita como um fato pela maioria dos que acreditam em reencarnação, como os budistas, hindus, teosofistas, rosacruzes, e outros; e as leituras de Cayce, bem como as experiências de regressão de idade de muitos pesquisadores, fornecem a prova para aqueles que aceitam a sua validade.

Entretanto, nenhum padrão regular de mudança é dedutível a partir das informações de Cayce; parece que se pode ser homem em uma ou mais vidas, e depois mulher em uma ou mais vidas, e assim sucessivamente; mas o que provoca estas mudanças, ou quando elas ocorrem, não é claro, ao menos, pelo dados de Cayce. Porém, o simples fato de mudarmos de sexo é por si só de essencial significação, psicologicamente falando.

Em *Many Mansions* vimos como, pelo aspecto de continuidade do *karma*, os talentos são transportados de uma vida para a outra; como as atitudes com relação à raça, à religião, à política, e ao sexo oposto também podem perdurar de uma vida para a outra. Estes transportes de atitudes podem ser genéricos, como por exemplo, ódio pelas religiões em geral, ou simpatia pelos oprimidos; ou podem ser muito específicas, como amor ou ódio por algum indivíduo em particular.

Os transportes persistem apesar da mudança de sexo dos indivíduos envolvidos, ou apesar dos papéis invertidos em uma situação familiar ou outra qualquer. Dois irmãos que foram inimigos no passado, por exemplo, porque um deles conquistou a mulher que ambos amavam, nasceram como pai e filho desta vez, e uma amarga hostilidade caracterizou o seu relacionamento desde o início.

Transportes de atitudes como esse poderiam explicar muitos antagonismos e simpatias entre as pessoas, de outro modo incompreensíveis, e isso particularmente no casamento ou no relacionamento sexual.

Além do mais, parece haver uma certa polaridade de temperamentos que é básica para muitas relações humanas e especialmente para o relacionamento sexual, ambos devidos a fatores biológicos e culturais que existem desde muitas eras. Uma teoria do psicólogo William McDougall pode ser bastante instrutiva a este respeito.

McDougall, na tentativa de abordar a psicose maníaco-depressiva, alega que existem duas formas básicas inatas de reação típicas dos seres humanos: (1) a altiva e (2) a submissa. Um indivíduo reage de maneira submissa aos seus pais, de maneira altiva com relação à esposa, submissa com relação a seu empregador, e altiva com relação a seu cão. A pessoa normal é capaz de fazer todos esses ajustes de atitude com a mesma fluência com que mudaria de uma marcha para outra ao dirigir o carro. Se, entretanto, ela tende a agir de maneira submissa com relação a todas as pessoas e situações, ou se, em vez disso, tende a agir sempre com extrema altivez, está perigosamente tomando a direção da anormalidade.

A psicose maníaco-depressiva, segundo McDougall, é uma forma de colapso ocasionado quando o indivíduo, através de uma dessas tendências exageradas, ou através da inflexibilidade em proceder às transições naturais de uma para a outra, perde o contato com a realidade. Seu distúrbio mental prossegue, então, em saltos exagerados das profundezas às alturas das emoções, em guinadas excessivas da submissão à auto-asserção, revelando, assim, a exemplo de muitas anormalidades, o mecanismo normal em escala ampliada.

No momento não estamos preocupados com a psicose maníaco-depressiva, ou com a veracidade ou a falsidade desta teoria, ou de suas origens; mas a divisão das disposições básicas em altiva e submissa proposta por McDougall é extremamente interessante e extremamente útil para analisarmos as informações de Cayce vinculadas às relações entre os sexos.

Na América atual, naturalmente, as mulheres possuem uma liberdade e uma independência econômica sem precedentes. Ainda não existe igualdade total entre os sexos, mesmo na América; mas estão sendo feitos progressos tão rápidos nessa direção, há tantas mulheres profissionais e existe tanta auto-asserção entre as mulheres, que parece quase absurdo dizer – mesmo relembrando o seu papel biológico – que o papel da mulher é o de submissão.

Porém, devemos ter em mente que a liberdade econômica e o ideal democrático de igualdade entre os sexos são de desenvolvimento muito recente e até mesmo quase regional. Há apenas cinqüenta anos neste país, era impossível às mulheres votarem; e ainda existem milhões de mulheres no mundo todo que continuam essencialmente na antiga condição de submissão e não de assertividade. À luz destes fatos, parece seguro afirmar que a disposição básica de auto-assertividade, através de amplo período da história humana, tem sido equiparada ao homem, e a submissão, à mulher. O sadismo pode ser considerado o extremo da assertividade implacável; o masoquismo, o extremo da submissão.

Se, pois, pela visão reencarnacionista vemos que o sexo de alguém e o seu papel na vida estão mudando constantemente, podemos observar que as permutas e as combinações de assertividade e submissão devem levar a muitas situações psicológicas curiosas. Tais situações no relacionamento matrimonial, de fato, aparecem com freqüência nas leituras de Cayce.

Há muitos casos nos arquivos de Cayce onde o marido e a mulher de hoje tiveram um relacionamento de pai e filha antes. Estes antecedentes, observáveis em dezenas de casos, têm conseqüências às vezes favoráveis, às vezes desfavoráveis. Em geral, tal situação parece favorável à harmonia marital, porque o modelo de dominação-submissão que é tipicamente aquele da situação pai-filha é idêntico ao padrão cultural tradicional de dominação-submissão no relacionamento marido-mulher.

No caso a seguir, por exemplo, vemos uma conseqüência favorável. Aqui, a mulher é filha de um famoso escritor americano e viúva de um destacado artista europeu. Na sua leitura de vida ela perguntou se havia estado unida ao esposo em vidas pregressas. Foi-lhe respondido: "Mais de uma vez. Na experiência dinamarquesa, ele foi só um amigo. Na experiência egípcia, ele foi seu pai. Em Atlântida, seu marido". Em uma carta onde acusava o recebimento da leitura, a mulher escreve, "fiquei muito impressionada com a declaração de que em encarnação anterior meu marido foi meu pai, porque há certo traço desta qualidade em nosso relacionamento, até mesmo nesta vida".

Aqui deve ser observado que a atitude de submissão, profundamente enraizada na experiência egípcia de pai-filha, persistiu durante a experiência de amizade, com menor carga emocional, na Dinamarca, e retornou no presente como uma sensação contínua da mulher encarando o marido como a um superior. Também é interessante notar que a esposa neste caso era quatro anos mais velha do que o marido, e, portanto, poder-se-ia quase esperar uma atitude maternal ao invés de filial por parte dela.

Entretanto, noutros casos o modelo inconsciente de relacionamento pai-filha era de antipatia antes que de simpatia (devido a um elemento de tirania na dominação); as conseqüências no relacionamento marido-mulher atual foram, portanto, infelizes. Um deles é o da mulher nascida na Polônia que pergunta:

"Qual foi o relacionamento com o meu marido no passado? Por que eu tinha medo dele?" A resposta foi: "Na experiência do Vale de Mohawk houve uma associação como pai e filha; na época ele a dominava acirradamente". Um outro caso é o do relacionamento matrimonial tão difícil que resultou em colapso nervoso por parte da mulher. A atitude do marido fora sempre de tirania dominadora, que assumiu formas sutis antes que declaradas. Segundo as suas leituras, eles foram pai e filha na antiga Williamsburg, e a severa autoridade do pai provocava então feroz ressentimento na criança. O modelo de tirania dominadora por um lado, e do ressentimento por outro, nunca cedeu ao respeito por parte dele, nem ao perdão por parte dela; logo, a mesma situação teve de ser vivenciada de novo, embora de uma forma um pouco diferente.

Um caso interessante de relacionamento anterior do tipo mãe-filho é observável no caso de um industrial americano rico e famoso, cuja esposa recusou-lhe o divórcio durante muitos anos. Incapaz de conseguir a liberdade, ele começou a viver e apoiar outra mulher com quem tinha profundo vínculo de simpatia e entendimento, uma mulher de inteligência rápida e vasta cultura. Ela era sua confidente para os assuntos de negócios e cuidava tanto de sua saúde quanto de suas preferências culinárias. Foi-lhe dito: "Na breve passagem pela Atlântida, ele foi filho da entidade. E todo o relacionamento de hoje freqüentemente apresenta o mesmo aspecto, uma vez que a entidade adota as idéias dele e o seu bem-estar."

Com freqüência o esposo e a esposa já estiveram associados exatamente no mesmo tipo de relacionamento marido-mulher. Esta repetição exata dos papéis é muito comum. Se o modelo de dominação-submissão ou o modelo de igualdade tiver sido estabelecido nesses casamentos anteriores, o equilíbrio do matrimônio atual com muita probabilidade apresenta relativa harmonia. Não é provável que surja qualquer conflito de polaridade de atitude, a menos que outros fatores perturbadores ou problemas referentes ao *karma* estejam presentes. Não há, pois, necessidade de nos demorarmos mais nesses casos, embora possamos observar um deles, bastante curioso. Cayce contou à mulher que ela fora dada em casamento na antiga Virgínia, em troca de 2.000 libras de tabaco. Ao perguntar sobre o relacionamento anterior com o atual marido, ouviu que "foi ele quem a comprara! Às vezes ele não age assim?" O comentário da esposa a este respeito foi simplesmente: "Com toda certeza!"

Em muitos casos, uma encarnação anterior da esposa como homem luta contra o sucesso do casamento. Isto é observável de forma bastante distinta no caso de uma mulher que esteve unida ao seu atual marido no mesmo relacionamento há diversas vidas passadas. Na vida anterior a esta, contudo, ela encarnou como homem. Desta encarnação masculina ela trouxe o desejo muito pronunciado de dominação e independência, acompanhado de uma força de vontade parecida com a dos homens que não toleram resistência. Seu casamento atual tem tido brigas contínuas quase que desde o início. Os parceiros se divorciaram e casaram novamente por duas vezes. O excesso de bebidas, que se tornou a fraqueza de ambos, é um sintoma assim como um fator agravante de seus atritos. Basicamente, a maior dificuldade são as pronunciadas tendências auto-assertivas de ambos. Se um ou outro, ou ambos, conseguisse ter boa-vontade suficiente, por um período de tempo suficientemente longo para refrear a sua própria atitude altiva e ser paciente com as erupções de assertividade do outro, talvez o casamento pudesse ser salvo.

Em outros casos observamos a situação contrária: um relacionamento onde o marido teve uma mudança de sexo recente e, portanto, possui a tendência de ser feminino e submisso na perspectiva. Por exemplo, no caso em que um homem um tanto feminino é pai de três crianças e sofre agudamente de desajustes sexuais, a leitura de Cayce indicou que ele tivera duas vidas anteriores como mulher, uma nos primórdios da América e outra na França durante as Cruzadas. A experiência na França foi particularmente traumática; a entidade, ainda muito jovem, tinha sido noiva de um homem que logo rumou para a Terra Santa. "Conhecendo pouco ou quase nada dos deveres matrimoniais, toda a experiência da entidade foi repleta de repressões e de medo dos relacionamentos sexuais. A entidade já estava em idade avançada quando esses medos foram superados".

Naturalmente nós apenas arranhamos a superfície de toda esta área. Os arquivos de Cayce contêm um sem número de casos ilustrativos de uma ou de outra das muitas trocas possíveis do papel sexual, assim como os registros do Sr. Loehr e também do Dr. Baker.

O fato básico da transposição de sexo é de importância em primeiro lugar como explicação para muitas das estranhas tendências ocultas nas relações humanas, particularmente as relacionadas com o amor e o ódio, a dominação e a submissão; em segundo, como indicativo, para nós, da lição cósmica que todos precisamos aprender.

A vida parece quase como uma escola de atores: o diretor da escola deseja que cada aluno seja tão flexível e tão completo a ponto de ser capaz de representar igualmente bem todos os papéis, e para tanto faz cada um, quer queira, quer não, desempenhar personagens muito diferentes, sejam quais forem as suas inclinações naturais. Você foi soberbo como Puck ontem à noite? Pois muito bem, amanhã deve começar a aprender o papel de Shylock. Você foi magnífico como homem na última encarnação? Pois muito bem, na próxima deve aprender a ser mulher.

Em termos psicológicos, devemos aprender a não ser altivos demais nem submissos demais com relação às outras pessoas, seja qual for o nosso papel na vida. Seja qual for a chance de dominação que se apresente como tentação e justificativa para o nosso ego, seja qual for a situação de opressão que pareça nos relegar à escravidão e à insignificância, devemos aprender a ficar imunes tanto a uma quanto à outra.

Para com os nossos inferiores temporários, devemos cumprir com as nossas responsabilidades de liderança, ou de ensinamento ou de apoio; para com os nossos superiores temporários, devemos agir com o devido respeito, obediência ou condescendência; mas no primeiro caso não devemos nos tornar indevidamente arrogantes, e no último, não indevidamente humildes.

Os desgastes e as agonias do casamento são planejados para polir nossas imperfeições, trazer à superfície nossas potencialidades latentes, ensinar-nos a sermos mais altivos se formos submissos demais, ou a sermos mais submissos se formos altivos em excesso.

Positividade e negatividade são partes complementares de todo o Universo e do próprio Deus. Para nos tornarmos divinos e universais, devemos ser tanto o positivo quanto o negativo; devemos ser completamente andróginos.

Neste sentido, bem como em todos os demais, o propósito do Universo é que nós nos tornemos merecidamente equilibrados, como diz o *Bhagavad-gīta*, acima dos Pares de Opostos; que cavalguemos, na expressão profundamente gnóstica de Madame Blavatsky, o Pássaro da Vida...

PARTE III

A PERSPECTIVA RELIGIOSA

A terceira e última seção está centrada nas visões religiosa e filosófica do amor e do sexo. O papel do amor de Deus e a noção de pureza como uma virtude do casamento são discutidos no contexto do Cristianismo e do Judaísmo. Além disso, a concepção de amar não tanto a aparência externa, mas a pessoa divina ou "real" é tida como um caminho viável para o vigor e o interesse renovados nos relacionamentos. Esta concepção tem origem nos pontos de vista orientais, que se têm tornado cada vez mais populares e aceitos no Ocidente. Três dos artigos apresentam um ponto de vista explicitamente oriental.

Nesta seção, o sexo é descrito como parte da disciplina espiritual que pode ser praticada por aqueles que o desejam. Todavia, este não é apenas o sexo da paixão e do desejo; é o sexo do homem ou da mulher que querem direcionar tudo para o Divino, que vêem a Imanência Divina em toda a manifestação de vida. A masculinidade e a feminilidade são encaradas como divinas em seu próprio direito, e como um meio para a autotranscedência. O sexo é uma parte da manifestação do Criador, e os homens e as mulheres são criadores em um Universo que é o "teatro" divino.

Por fim, a união na sexualidade, embora sendo na realidade uma junção unificadora, é vista como um símbolo para qualquer união: um encontro de mentes de maneira próxima ou íntima, um compartilhar intuitivo da beleza do pôr-do-sol, ou a união da energia espiritual do Universo com o mundo físico.

Pois da mesma forma que o amor vos coroa, assim ele vos crucifica.
E da mesma forma que ele contribui para vosso crescimento, trabalha para vossa poda.
E da mesma forma que ele sobe à vossa altura e acaricia vossos ramos mais tenros que se embalam ao Sol
Assim também desce até vossas raízes e as sacode no seu apego à terra.

Khalil Gibran,
O Profeta

GEDDES MACGREGOR

UMA ABORDAGEM CRISTÃ DO AMOR E DO SEXO

O matrimônio cristão é singularmente belo e criativo, em especial quando amadureceu até o relacionamento indestrutível aos poucos desenvolvido entre dois amantes que assumiram o noivado a partir de profundo e genuíno amor um pelo outro, e ao mesmo tempo derivado do intenso compromisso com Deus. Os cristãos consideram-no o relacionamento mais sagrado e abençoado que possa existir entre um homem e uma mulher nesta Terra. Ele implica o reconhecimento do ideal de pureza, que no mundo de hoje pode ser tudo, menos um conceito popular. No entanto, ele não só é um ideal nobre mas também, quando entendido corretamente, prático e produtivo, proporcionando alegria incomparável. Sob a perspectiva cristã, ele não implica apenas sacrifício; ele se torna totalmente impossível fora do tipo de relacionamento com Deus que está previsto na Comunidade da Fé como condição fundamental do matrimônio cristão. Entretanto, para entendê-lo, devemos primeiro analisar a situação atual e depois o passado histórico das atitudes cristãs com relação ao sexo e ao amor, sendo elas o embasamento do que possibilitou a riqueza espiritual da atitude e do propósito cristãos contemporâneos.

Os cristãos acreditam ter acesso a uma dimensão especial da espiritualidade no casamento. Eles consideram que esta dimensão não apenas investe o relacionamento romântico de um caráter sagrado, mas também invoca o poder de Deus para abençoá-lo de modo que os cônjuges alcançarão uma união indissolúvel um com o outro e com o próprio Deus. Isso se exprime no simples aforismo: "Para casar é preciso três pessoas". Na cerimônia de casamento cristã, o casal, quando se compromete em seu juramento solene, o faz na presença do padre ou ministro que simboliza o Cristo divino, sem o qual o sagrado matrimônio é impossível.

Esta abordagem é realista, antes de qualquer outra coisa. Todo jovem casal apaixonado tem certeza que seu sentimento durará para sempre; contudo, nenhum deles pode sabê-lo em definitivo. Nenhum homem ou mulher na Terra, por mais apaixonado, por mais sincero, e por mais profundo que seja o seu amor, pode prometer sentir no próximo ano, que dirá daqui a quarenta anos, o mesmo sentimento que nós todos temos pelo amado quando nos apaixonamos. A expectativa cristã não é que o casal tenha sempre "o mesmo sentimento" um pelo outro; a expectativa cristã é que eles amadurecerão pelo vínculo que têm com Cristo e sua Igreja e que a *qualidade* do seu amor vai se aprofundar além do que hoje possam supor.

No relacionamento que estão iniciando, a paixão sexual, embora fundamental, é apenas um elemento. Isso deve ser óbvio, com certeza. Mas mesmo o elemento do amor romântico que acompanha e enfeita a paixão sexual não é menos efêmero ou muito mais delicado. Em qualquer relacionamento matrimonial, os parceiros se iludem com muitos elementos cujo poder e força totais eles possivelmente não compreendam. Se um casamento nada possuir além de concordância mútua, embora sendo sincero, sua chance de sobreviver, mesmo que por dez anos como um relacionamento mútuo genuinamente intenso, é tão pequena quanto a possibilidade do casal ser atingido por um meteorito a caminho do trabalho, pois tudo se opõe ao sucesso de qualquer casamento carente da dimensão de Deus.

O que o casal cristão faz, caso tenha sido bem aconselhado, é empreender a tarefa sagrada de crescer em sabedoria e bondade sob o poder e a graça de Deus, para que o seu enlace possa resistir às pressões inevitáveis às quais todo matrimônio está exposto, por sua própria natureza. Estas pressões surgem de circunstâncias externas bem como de sua própria imaturidade emocional e inexperiência em lidar com um relacionamento tão difícil como é o vínculo definitivo em que consiste o casamento cristão.

Os perigos que rondam todo casamento são inúmeros. E sequer consistem simplesmente na bela garota da casa ao lado ou no visitante atraente que está na cidade. O sonho americano de *status* social e posse de bens, com o correspondente desperdício que é o acompanhamento inevitável de uma tal quimera, quase determina o fracasso, mesmo descartando o triângulo amoroso, que é o filão predileto dos novelistas e cineastas populares. A ansiedade qua tais abordagens da vida podem criar no homem, mesmo quando a esposa auxilia no sustento da casa, às vezes resulta na sua impotência sexual, às vezes até mesmo em sua morte prematura. Existem mais causas de colapso matrimonial do que jamais se poderia calcular. O que é calculável é a taxa de divórcios. Nos Estados Unidos, pelo menos um de cada três casamentos termina em divórcio; na Califórnia, o percentual é de quase dois por três. A opulência é um fator agravante. Na época do Novo Testamento e, na verdade, até cerca de um século atrás, para a maioria das pessoas a vida como um todo era muito mais difícil do que é hoje, até para as classes mais miseráveis.Contudo, a natureza humana pouco mudou no decorrer de dois mil anos. Isso, afinal, é um período muito breve da história humana. O casamento simplesmente não funciona sem a dimensão de Deus. Ele já é bastante difícil mesmo com ela.

O ensinamento de Jesus e de Paulo é claro em pelo menos um ponto: o casamento não é simplesmente um vínculo sagrado; é uma metáfora do relacionamento entre Deus e o seu povo. Isso está expresso na introdução da cerimônia matrimonial. Portanto, o casamento cristão não é apenas um acordo de parceria como o de dois amigos ou sócios da mesma profissão. E tampouco a canonização de um tal acordo. Trata-se de um pacto para continuar pedindo a Deus que abençoe o relacionamento de modo que tanto o homem quanto a mulher cresçam um no outro e *em Deus*. Um cuida do outro em todas as circunstâncias e sempre à vista de Deus. É, conforme o declara expressamente a cerimônia matrimonial, uma união mística. Os cônjuges de um casamento cristão assumem não só a fidelidade a uma pessoa; eles prometem fidelidade a uma instituição santificada, que celebra a sua união mística com Deus.

O divórcio, evidentemente, está em absoluta contradição com o conceito básico de casamento cristão. Isso está enunciado em Marcos 10.1 e Lucas 16.18. Em acréscimo, Mateus 5.32 parece oferecer uma qualificação; mas a interpretação é muito controvertida e as questões são demasiado técnicas e complexas para serem analisadas aqui. Porém, não há dúvida de que o divórcio, simplesmente tolerado pela lei de Moisés (Deuteronômio 24.1-4), desde o princípio foi detestado pela Comunidade da Fé Cristã. Contudo, o perdão é um ponto central do comportamento cristão. Em um relacionamento tão sagrado para a comunidade cristã quanto para os parceiros, um cristão cujo cônjuge tenha praticado qualquer ofensa contra o matrimônio, até mesmo o adultério, deve estar preparado para perdoar ao outro que, de igual maneira, deve estar pronto para aceitar o perdão. Eu soube de casos em que o perdão fortaleceu tanto o vínculo do casal e desenvolveu a maturidade dos parceiros (não apenas do que perdoou) a ponto de ter tornado o casamento aparentemente indestrutível daí em diante. O perdão é singularmente sagrado. Não obstante, qualquer injúria à outra parte dentro de um casamento cristão sempre é motivo de extremo remorso. O divórcio, se for tolerado como tal, deve ser encarado como último recurso. Na melhor das hipóteses, trata-se de uma lamentável opção. A observação de Chesterton de que era preciso os divórcios serem menos fáceis e os casamentos mais difíceis aplica-se com força suprema ao casamento cristão.

Quando um jovem casal cristão se apaixona, os dois são cercados por grandes e numerosas pressões, algumas derivadas dos seus próprios impulsos sexuais, outras do mundo em geral, e as demais das restrições impostas pela Igreja, que geralmente incluem os seus familiares mais próximos. É típico as famílias recomendarem cautela e restrições (disposições que geralmente não são do mínimo agrado dos enamorados), pois aquilo que um jovem casal, no turbilhão da paixão sexual, chama de "estar apaixonado", é com toda probabilidade, no mínimo, uma base fraca para um casamento duradouro do tipo que os pais cristãos almejam para seus filhos. De qualquer ponto de vista cristão, nenhum matrimônio que careça da base necessária para amadurecer até uma união definitiva vale a pena ser contratado. De qualquer modo, o casamento cristão é tão sagrado, tão exigente, tão sacrificial, que deve se pretender indissolúvel até a morte, desde o princípio. Em termos espirituais, trata-se de uma união que deve ser tão alegre e com tantas exigências morais que nenhum jovem casal da Terra poderia considerar-se suficientemente maduro para enfrentá-la, não fosse pela crença na abençoada orientação de Deus. Se a sua fé for viva o suficiente, eles podem casar, e é inevitável que o façam. Quais são as condições para o sucesso em um empreendimento tão perigoso?

Nós vimos que os perigos são de fato enormes. Quando a pressão dominante do impulso sexual estiver combinada com o desejo natural e a necessidade de companheirismo carinhoso, os jovens da Comunidade Cristã da Fé tendem a ser acometidos pela mesma confiança exuberante que os jovens casais apaixonados sempre sentiram em todo lugar e em todas as épocas da história humana: eles têm certeza de que podem superar todos os obstáculos. Se forem cristãos praticantes, eles podem ainda sentir que a sua fé comum os ajudará. Raramente, senão nunca, ponderam acerca do efeito devastador que até a mais trivial, a mais ridiculamente ínfima das irritações pode provocar sobre o mais promissor dos casamentos.

A trivialidade das irritações pode ser de fato espantosa até mesmo para o mais experiente dos conselheiros matrimoniais.

Certa vez uma jovem esposa, casada há três meses, confidenciou-me que seu marido não lhe havia dito, antes de se casarem, que ele usava óculos. Isso não seria uma decepção, perguntava-se ela com a voz alterada? Um jovem esposo reclamou que, quando o irmão de sua esposa feriu-se em um acidente automobilístico, ela o levara para casa sem antes consultá-lo. A absurda trivialidade dos problemas aduzidos não tem fim e, geralmente, é claro, esses não são de forma alguma os verdadeiros problemas. A dificuldade fundamental é quase sempre a falta de maturidade emocional, moral e espiritual por parte de um ou outro dos cônjuges, não raro dos dois.

O propósito do casamento cristão possui duas dimensões: (1) nutrir o companheirismo, o encorajamento e o entendimento mútuos e também, onde for possível, a procriação e o cuidado físico e espiritual dos filhos; e (2) sustentar a Comunidade da Fé em sua resistência ao Mundo, à Matéria e ao Demônio, segundo os votos batismais feitos em nome de cada candidato ao batismo cristão. Assim o casal que busca o casamento cristão é solicitado a fazer o maior esforço para sedimentar o relacionamento com a ajuda de Deus. O fato de eles se comprometerem em sedimentá-lo implica que o relacionamento ainda não está presente; tampouco é obtido de modo instantâneo através da cerimônia do casamento, assim como o sacramento do batismo não produz de imediato a santificação da vida. À maneira de uma tenra muda de árvore, o relacionamento é plantado no solo fértil da comunidade cristã, mas ele deve ser cultivado. Deve ser regado com o amor sacrificial e exposto à luz do Sol de Deus diariamente. Ele não nasce pronto; deve crescer. A idéia de que ele seja um assunto inteiramente particular que não diz respeito a mais ninguém é uma concepção secular incompatível com o casamento cristão uma vez que, pelo contrário, a Comunidade Cristã da Fé tem um papel criativo e construtivo a desempenhar, embora o faça de maneira discreta. Além do mais, os dois indivíduos que entram neste relacionamento estão eles próprios crescendo enquanto pessoas. O seu crescimento individual pode conflitar com o crescimento da relação; todavia, se eles tiveram seriedade acerca do casamento, cada qual fará o possível para sustentar e desenvolver o relacionamento e aprofundá-lo semana a semana, mês a mês, ano a ano. Exige-se um tipo de cuidado extremamente delicado. Nem o homem nem a mulher possuem o talento natural para isso, como se costuma imaginar. Em geral eles provocam confusão. Essa é uma das razões pelas quais, no casamento cristão, o casal deve sempre pedir orientação a Deus. O casamento cristão é um dueto incessante de preces a Deus.

Os votos matrimoniais são para "no bem, no mal, na riqueza, na pobreza, na enfermidade e na saúde, amar e proteger até que a morte nos separe". Isso não se constitui na promessa de que os sentimentos dele por ela ou dela por ele permanecerão exatamente iguais ao que eram quando ele sentiu os lábios dela irresistíveis pela primeira vez, e ela enlouqueceu com o timbre da voz dele. É um juramento de que nada jamais deve interferir entre ambos ou separar um do outro, salvo a própria morte, e mesmo ela não pode destruir a santidade de sua relação.

O pior preparo possível para um compromisso tão solene, belo e sagrado é a promiscuidade pré-matrimonial. O ideal de pureza é tão relevante para a felicidade nos dias de hoje como sempre o foi no passado. Sabemos isso por instinto, seja o que for que os intérpretes da doutrina de Freud queiram nos fazer crer. Partilhar o leito impede o crescimento do verdadeiro amor e a longo prazo gera homens e mulheres solitários e egoístas. É claro que no calor da paixão os jovens sempre correrão o risco de cometer deslizes, e nós todos precisamos de perdão; mas se a beleza e a santidade do casamento cristão forem mantidas acesas em nossos corações constantemente, elas estarão lançando a semente para o surgimento do mais adorável e firme de todos os relacionamentos humanos.

Depois, quando o casal unir-se pelo matrimônio, eles já estarão preparados para os incontáveis desafios que devem aparecer; por exemplo, um sente que o outro agiu sem amor, talvez até de maneira insultante. Arma-se uma tempestade. O casamento cristão não garante que os parceiros não irão brigar entre si. É lógico que irão. Os casamentos melhores e mais santificados são com freqüência os mais atribulados. O que fica prometido é que nenhuma briga jamais irá separá-los do amor de Deus e da fidelidade de um para com o outro. Portanto, tais tempestades acalmar-se-ão na presença amorosa de Deus, e irão deixá-los mais fortemente unidos do que antes no amor sempre crescente que é a dádiva de Deus para todos os que ingressam no sagrado vínculo do matrimônio. "Família que reza unida, permanece unida", pode soar como uma frase de efeito chauvinista; mas é verdade. Quando o marido e a mulher têm alguma prece nos corações, senão nos lábios, a cada manhã e a cada noite, isso ajuda imensamente o seu casamento a crescer desde o broto delicado até tornar-se uma árvore frondosa. É claro que os filhos, quando o matrimônio for abençoado com eles, podem assegurar o vínculo matrimonial; contudo, alguns dos casamentos mais felizes que eu vi eram de casais sem filhos, que envelheceram juntos sem a sua abençoada companhia. O que mais importa para a felicidade conjugal é um mergulho constante do amor humano no lago da misericórdia e do carinho de Deus.

Antecedentes Históricos

Para entendermos melhor a ênfase cristã neste assunto e a forma com a qual ela se desenvolveu através dos séculos, uma análise na história da atitude cristã com relação ao casamento pode ser esclarecedora.

A conduta cristã desde o início exigiu restrição ao sexo, em parte para dar bom exemplo aos pagãos em meio aos quais as comunidades cristãs estavam se alastrando, em um ambiente de notória permissividade sexual (escavações e restaurações de Corinto mostram que o prostíbulo ficava quase em frente à biblioteca), e em parte pela crença (de modo algum restrita ao Cristianismo) de que a abstinência sexual conduz intrinsicamente ao crescimento espiritual. Se um pouco de abstinência sexual é espiritualmente produtivo, não deverá a continência definitiva sê-lo muito mais? Esse tem sido o ponto de vista católico tradicional. Ele é confirmado pela Bíblia. É tão forte no Oriente quanto na igreja ocidental, pois embora os padres gregos tenham permissão para casar, só podem fazê-lo antes da ordenação e, caso fiquem viúvos, não podem tornar a casar; além do mais, os bispos devem ser celibatários e, portanto, geralmente são selecionados dentre os sacerdotes que, é lógico, também o sejam. Na antiga Igreja, prevaleciam leis rigorosas sobre o comportamento cristão segundo as quais ninguém que tivesse recebido o batismo e fosse culpado de qualquer falta grave, tais como assassinato, jamais poderia ser reintegrado à Comunidade Cristã. O adultério era considerado uma destas faltas graves. Desta e de outras formas podemos perceber que a atividade sexual de qualquer espécie era tida geralmente como comportamento animal, inadequado para aqueles comprometidos com o caminho cristão, embora permitido dentro de rígidos limites para a perpetuação da raça humana. Alguns, como os adeptos de Marcion, no Século II, pregavam abstinência sexual total com vistas à não perpetuação da raça humana e ao "fim da era". Marcion e seus discípulos, entretanto, foram condenados como hereges. Segundo a visão habitual, a atividade sexual podia ser aprovada onde mostrasse possuir, pelo menos teoricamente, uma finalidade.

Devemos ter em mente que a atitude cristã tradicional com relação à sexualidade costumava ser de uma posição intermediária entre os fanáticos extremistas maniqueus por um lado, que consideravam toda manifestação sexual como essencialmente má e uma capitulação às forças de Satã, e os libertinos, de outro lado, que a cada época procuravam criar anarquia e promiscuidade nos costumes sexuais sob o pretexto da liberdade. Em termos de conhecimento e ignorância da época, a atitude da Igreja com relação à sexualidade foi tanto mais rígida do que a comumente descrita por aqueles que a associam com depravação sexual, quanto mais humana do que geralmente é apresentada pelos que acusam-na de repressão cruel.

O que estava quase de todo ausente da atitude medieval para com a sexualidade era o elemento romântico e o conceito de amizade profunda que, na atualidade, tomamos como sinal diferenciador de uma atitude civilizada em relação ao sexo. O casamento era concebido em termos extremamente legais, focalizado nas promessas feitas na cerimônia e, portanto, na realização de um contrato legal de união. Ouvimos muito a respeito das conseqüências do ideal cavalheiresco sobre as atitudes medievais com relação à sexualidade; mas, na verdade, esse ideal afetou apenas uma pequena elite e, mesmo assim, mais como conceito literário do que qualquer outro. Tal influência se exerceu muito pouco, e até o renascimento romântico do século XIX seus resultados foram comparativamente insignificantes. A Beatriz da *Comédia* de Dante e a dama do cavaleiro dos versos dos trovadores quase não apresentam qualquer relação com a prática verdadeira. Não obstante, a concepção cavalheiresca de fato apresentou um modelo novo e com ele surgiram as sementes de um renovado entendimento cristão da sexualidade, embora elas tenham demorado a germinar.

Com esta atitude renovada, desenvolveu-se aos poucos uma compreensão mais positiva sobre a natureza da virtude da pureza. Pelo modelo antigo, ainda sob a influência de um aristotelismo semibatizado, a pureza era vista em termos quase que inteiramente negativos como abstinência de atividade sexual. De modo gradual, por meio de uma variedade de influências esclarecedoras, os cristãos vieram a considerá-la como forma positiva de virtude. A sexualidade, como qualquer outro constituinte do nosso ser, é polar, tendo raízes tanto em nossos corpos quanto em nossas mentes; mas o seu aspecto mental é de importância crucial. É claro que os cristãos do mundo antigo e da Idade Média percebiam tudo isso a seu modo, sobretudo os místicos; mas o assunto era bastante ignorado no ensinamento oficial da Igreja. Eles sabiam à sua própria moda que o poder da sexualidade humana, para o bem e para o mal, reside mais na mente que no corpo; mas não possuíam argumentos como os que hoje temos para justificar uma tal visão. De modo semelhante, eles percebiam a enorme diferença entre os homens e as mulheres; porém, não compreendiam qual era ela. Sua ignorância acerca das células do esperma e do óvulo contribuiu para esse equívoco o qual se deveu muito mais à sua generalizada falta dos *insights* psicológicos que hoje entendemos como certos. Tais *insights* foram inscritos profundamente na Sabedoria Antiga de um modo ou de outro, mas se perderam no labirinto do legalismo medieval.

Três palavras gregas podem ser traduzidas por "amor". São elas: *erōs, philia, e agapē.* A primeira é familiar no sentido clássico. Significa fundamentalmente "desejo". O seu sentido foi adulterado com o uso moderno do termo "erótico" por simples luxúria carente de espírito jovial. O segundo termo, *philia*, em geral significa o tipo de amor que brota da amizade humana e é enobrecedor para o espírito. A palavra *agapē* do Novo Testamento, à qual o tradutor do Rei James, de modo bastante infeliz, atribuiu o sentido de "caridade", é empregada para significar aquele amor peculiarmente altruísta que transcende o interesse próprio. É claro que todas as formas de amor trazem em si um elemento de egoísmo, e, até mesmo no amor sexual mais carnal, há pelo menos um germe de interesse altruísta pelo parceiro. A ternura que esperamos no ato de amor das pessoas civilizadas é uma expressão desse interesse altruísta, sem o qual a sexualidade permanece no nível animalesco.

Sob o ponto de vista cristão, a manutenção da aguda diferença entre os sexos proporciona um meio para o desenvolvimento daquele elemento altruísta no amor, o qual o reveste de uma profunda espiritualidade. Por isso a ênfase na santidade do matrimônio e no compromisso dos cônjuges para com a fidelidade conjugal. Entretanto, inserida no altruísmo também está a capacidade e a disposição de perdoar, pois se o cristão atingiu algo parecido com o patamar tão magnificamente descrito por Paulo no capítulo 13 da Primeira Epístola aos Coríntios, ele ou ela aplica-lo-á sem a menor dúvida em sua atitude para com o outro cônjuge, que não mais é visto como um bem ou um déspota, mas sim como parceiro do desenvolvimento espiritual que eleva homens e mulheres por meio da sexualidade comum a todos os demais mamíferos, até a realização de sua natureza fundamentalmente espiritual.

Mas o que dizer do elemento andrógino da sexualidade sobre o qual os modernos psicanalistas, sobretudo os da linha junguiana, tanto falam? Em toda psique masculina existe ao menos um vestígio de feminilidade, e na de todas as mulheres, ao menos uma partícula de masculinidade. O que se considera masculino ou feminino é em grande parte questão de costume social. Em dada sociedade os homens usam roupas de tons discretos, e o emprego da cor no vestuário é nitidamente feminino, mas como acontece em outros casos, a situação poderia ser bem o oposto. Há muito tempo já foi admitido que nós podemos trocar de papéis. Edward Young (1683-1765) escreveu:

> Às vezes, pelo orgulho, os sexos mudam a cena;
> Meu senhor sente melancolia, e minha senhora blasfema.

Todavia, tão enraizadas são as nossas imagens que ainda chamamos as cidades de masculinas ou femininas: Paris é considerada do último e Londres, do primeiro tipo. O que vem a ser alcunhado como masculino e o que é tido como feminino deve-se em escala considerável a convenções sociais arbitrárias, embora não se possa omitir as diferenças biológicas com que homens e mulheres são formados. Entretanto, um homem cuja mente não contivesse qualquer vestígio dessas sensibilidades que são proeminentes na psique feminina seria um monstro, assim como uma mulher totalmente destituída de elementos masculinos. O primeiro seria um bruto e a última, uma boneca de pano. Todavia, cultivar objetivos "unissex" é privar os seres humanos de um dos meios mais poderosos de desenvolvimento daquele altruísmo do qual depende a espiritualidade. Segundo o mito do andrógino, a sexualidade é resultante da separação das duas metades do que foi arquetipicamente uma unidade. Entretanto, em nosso atual nível de consciência neste planeta, não há maneira de um indivíduo atingir um *status* andrógino. Uma sociedade "unissex" seria a antítese da cristã por várias razões, mas especialmente devido ao egocentrismo que ela engendraria de uma forma dramática. O casamento cristão e a santidade com que ele sempre foi revestido não podem ser separados da estrutura da conduta cristã.

A homossexualidade é claramente um fenômeno antigo. Não há dúvida de que foi mal compreendida pelos antigos; mas tampouco a compreendem na atualidade. Entretanto, eu não duvido que os antigos estavam certos em sua suposição de que se trata de um desvio, porque ela não tem qualquer finalidade como seja a perpetuação da raça. De modo geral, eles a viam um pouco como nós vemos uma perversão decadente do tipo ingerir alimentos deliciosos e depois usar um artifício para expeli-los, para que possamos novamente estimular os nossos apetites sem termos indisposição estomacal ou receio de engordar. Esta perversão, menos incomum em certos círculos da elite do que alguns poderiam supor, desagrada a maior parte das pessoas porque obviamente ultrapassa a finalidade da nutrição do corpo e da alma. Alimentar-se, sob o ponto de vista cristão, é sacramental; por isso a prece de agradecimento antes das refeições. Ela pode ser acompanhada dos prazeres da mesa, mas pervertê-la em simples meio de obter do nosso paladar tanto quanto possa ser nele explorado é revoltante. Assim, pois, todas as formas de atividade sexual, inclusive as homossexuais, que transformam o prazer sexual em um fim em si mesmo, segundo o ponto de vista que eu procuraria sustentar, são contrárias à vida cristã. Nada do que Platão diz em *O Banquete* ou em outra parte pode, na minha opinião, fazer da homossexualidade um estilo de vida alternativo aceitável para um cristão. Amizades profundas entre pessoas do mesmo sexo podem de fato ser instrumentos de grande crescimento espiritual, pois aprendemos tanto a partir dos nossos semelhantes como dos que não são como nós, que os relacionamentos sexuais entre pessoas do mesmo sexo são tão destruidores desse meio de crescimento quanto da família.

É óbvio que existem casos especiais e isso sempre foi reconhecido. Entretanto, nós estamos gravemente equivocados se os utilizarmos como um meio de tornar a homossexualidade um estilo de vida aceitável. O cristão amadurecido sentirá compaixão pela vítima de qualquer espécie imaginável de desvio e perversão, mas de modo algum irá perdoá-la e muito menos encorajá-la.

O amor cristão, pois, está arraigado nos mesmos instintos naturais, inclusive a sexualidade que permeia nossa natureza, que compartilhamos com todos os seres humanos. Contudo, os cristãos afirmam que através do seu relacionamento com o Cristo Ascenso eles possuem um meio especial de superar os grilhões da nossa prisão humana, e atingir uma consciência espiritual superior. O casamento cristão contribui notadamente com o processo; por isso o Serviço Matrimonial tem por tradição aludir à comparação do casamento cristão com "a união mística entre Cristo e a sua Igreja". As atitudes sexuais que inibem o crescimento espiritual devem ser deploradas. Contudo, os cristãos não devem esquecer que os fracassos em viver em conformidade com os ideais delineados pelos que buscam o caminho cristão não são de modo algum os pecados mais graves ou os mais perniciosos. Pelo contrário, eles podem de fato ser considerados veniais em comparação com a malícia do coração, com a aversão ao próximo, a crueldade, e a avareza.

Dante reconheceu isso ao colocar os amantes libertinos no círculo menos tenebroso do inferno. Lá ele encontrou Francesca de Rimini e ouviu-a contar que sucumbira à tentação de aproveitar uma oportunidade para fazer amor com o seu cunhado mais belo e que, descobertos por Lanciotto, o marido, o par adúltero foi por ele assassinado em um acesso de fúria. Dante ficou tão tocado que "desmaiou de compaixão... e caiu ao solo qual um cadáver". Assim o maior dos poetas medievais simboliza, por um lado, o perigo ao qual a paixão sexual pode nos expor e, por outro, como são débeis as suas conseqüências para a alma se comparada com outros pecados muito mais fatais. Pois onde quer que as nossas falhas morais sejam tocadas, por mais levemente que seja, pelo amor genuíno, algum eflúvio desse amor irá curar a ferida. Aqui, como em outras partes, Dante estende à nossa frente a riqueza do trabalho da perspectiva cristã sobre o amor e o sexo.

Diretrizes

Então, pois, que diretrizes podemos dar às pessoas espiritualizadas no mundo de hoje, para manterem um ideal semelhante ao encontrado na tradição cristã? Todo sacerdote sabe por experiência própria no confessionário e em outros lugares que, para a vasta maioria dos jovens, a dificuldade em tentar se adaptar aos preceitos cristãos tradicionais acerca do amor e do sexo é muito maior do que qualquer outra. Além do mais, para as pessoas sensíveis apaixonadas, a aceitação dos antigos padrões com freqüência apresenta graves problemas. O abismo entre a moralidade sexual permissiva, que está em voga na sociedade americana contemporânea, e o que eles percebem como o ideal mais nobre de restrição no interesse de um tipo superior de amor interpessoal, apresenta-se tão grande que muitos gostariam que houvesse um meio termo, um acordo entre a atitude quase grotesca para com o sexo, por um lado, e, por outro, a exigência de um padrão de conduta moral tão rígido que parece estar além da resistência humana. Com certeza, eles se perguntam: a tradição cristã precisa se atualizar para enfrentar o nosso mundo contemporâneo?

Tais receios e dúvidas dos jovens não são apenas naturais; são racionais. Eles pedem uma resposta clara e definitiva.

A primeira observação a ser feita, confusa como possa estar a situação para os que tentam se conformar aos modelos cristãos de conduta no mundo atual, é que este mundo, no que diz respeito aos costumes sexuais predominantes, de fato não difere muito daquele do Mediterrâneo, o qual as comunidades cristãs dos primeiros séculos tiveram que enfrentar. Os pais cristãos e demais pessoas que tentaram educar seus filhos para uma compreensão dos valores superiores da vida tiveram, então, as mesmas preocupações que têm hoje, e também os mesmos problemas ao lidarem com estas questões. Analisemos, por exemplo, o *Discurso sobre a Vaidade* e *O Modo Correto dos Pais Educarem os Seus Filhos,* de John Chrysostom (347-407 d.C). Apesar do intervalo de quase 1500 anos, a situação que enfrentamos assemelha-se à dele de modo surpreendente. Ele lamenta, por exemplo, as conversas frívolas às quais as crianças estão expostas: "Tal moça beijou tal homem e foi infeliz e se enforcou". Ele critica o jovem que para estar na moda usa o cabelo comprido, assemelhando-se a uma moça. Ele critica especialmente os shows obscenos de "prostitutas, palhaços e dançarinas" e sugere que seria útil um pai responsável levar o filho ou filha para assistirem à saída do teatro dos espectadores de tais shows e apontar-lhes o olhar perturbado no rosto triste, resultado do espetáculo, e mostrar como parecem doentes em comparação às faces alegres dos homens e mulheres que permaneceram reunidos na sagrada alegria da conversa útil e do estudo devotado.

Chrysostom é bastante consciente de que a atitude do antigo mundo pagão para com o comportamento sexual (assim como a nossa) está em radical oposição àquela que ele julga deveria prevalecer na Comunidade Cristã da Fé. Ele admite francamente que não tem respostas fáceis. Contudo, ele exorta os pais cristãos esclarecidos a ensinarem desde cedo os seus filhos a verem o valor do amor familiar como um meio de promover o entendimento e a apreciação das alegrias da vida espiritual. Tal ensinamento não garante de modo algum uma adolescência sem problemas ou uma vida de pureza madura; mas de fato proporciona um modelo que jamais pode ser inteiramente esquecido ou ignorado.

Ele também procura encorajar o casamento precoce quando os jovens desses lares cristãos tiverem-se apaixonado. Eles fortalecerão um ao outro na resistência às loucuras do mundo, que, afinal, só trazem vazio e frustração, comparáveis à romã que, parecendo suculenta e desejável, revela-se seca e sem vida. A questão conforme ele a descreve é em grande parte o eterno problema de tentar levar uma vida espiritual em meio a uma cultura cuja orientação é não apenas fundamentalmente alheia, mas também hostil a tal estilo de vida.

O padrão cristão de conduta sexual sempre foi tido como difícil de seguir. Os pais esclarecidos reconhecem que até mesmo o menos recalcitrante de seus filhos teria grande dificuldade em alcançar algo parecido com o padrão ditado pela tradição cristã. Além do mais, o mais amoroso dentre seus filhos enfrentaria com freqüência as piores dificuldades e teria a passagem mais turbulenta pela vida. A diferença (de suma importância) que o ensinamento em tenra idade proporciona reside no *ideal* pelo qual toda a conduta sexual pode ser medida. Os pais e os mestres, que são verdadeiramente sábios e maduros em sua espiritualidade, não ficarão chocados com falhas ou até mesmo desvios do padrão, desde que o ideal seja mantido em vista. Pais e mestres menos perspicazes costumam não conseguir, naturalmente, captar a importância de não demonstrar surpresa, logrando alienar seus filhos na insistência de que eles atinjam um padrão superior à sua capacidade e força infantis.

Nós, ao menos, temos uma vantagem que os nossos antepassados não possuíam. Devemos ser capazes de perceber melhor do que eles jamais conseguiriam que os nossos apetites sexuais e, portanto, o controle desses apetites, residem mais na mente que no corpo. Se quisermos realmente controlar esses apetites por amor a objetivos tais como a manutenção de um padrão cristão de conduta e o desenvolvimento de uma vida espiritual, devemos reconhecer a primazia da mente e não tratar nossa sexualidade apenas enquanto condição física. É a mente que governa os hormônios e que, portanto, pode dirigir e controlar a nossa vida sexual, se desejarmos controlá-la com um fim válido. Entretanto, primeiro devemos estar persuadidos de que o fim vale o esforço, e também devemos estar inteiramente convictos de que a mente de fato detém a primazia. Além do mais, devemos estar preparados para avançar muito além da estratégia e das táticas triviais.

Assim, aprenda esta experiência de maridos e mulheres, e amigos, e pequenos amores; você se envolverá com eles com segurança se nunca esquecer o que você realmente é. Jamais esqueça que este é apenas um estado passageiro e que precisamos passar por ele. A experiência é a grande mestra – a experiência do prazer e da dor – mas saiba que é somente uma experiência. Ela conduz, passo a passo, àquele estado em que todas as coisas ficam pequenas, e Purusha (o Eu Superior) torna-se tão vasto que o Universo inteiro parece uma gota no oceano e diminui devido à sua própria insignificância.

Herbert Slade
Contemplative Intimacy

JAY G. WILLIAMS

MATRIMÔNIO E SEXUALIDADE NO JUDAÍSMO

É melhor entender este ensaio como uma espécie de fantasia, uma explicação imaginária de como eu, se fosse judeu, poderia pensar. Embora eu tenha estudado o Judaísmo intensamente, não sou judeu e por essa razão pouco posso dizer a respeito. Antes, o que me proponho a fazer é examinar certas passagens importantes da Bíblia Hebraica e, com base nela, esboçar uma possível abordagem teológica judaica sobre o assunto. Se os judeus concordariam ou não comigo, não sei.

Na verdade, as atitudes judaicas tradicionais com relação à sexualidade e o matrimônio não são, em sua maior parte, "espiritualmente" orientadas. De modo geral, o Judaísmo tem um conjunto de princípios morais quanto ao sexo, mas com reduzida interpretação "espiritual". Assim como no Cristianismo, as origens teológicas do ponto de vista judaico a respeito do sexo desgastaram-se ou foram substituídas por outras origens que encontram inspiração no secularismo moderno. O Talmude oferece regulamentos, *insights* e narrativas acerca do relacionamento homem-mulher. Tanto o *halakah* (opinião legal) quanto o *aggadah* (narrativa) repousam em última análise na fé em Deus; contudo no Talmude há pouco indício de que isto esteja relacionado ao que geralmente se poderia chamar de "espiritualidade". É uma questão de obediência aos mandamentos segundo a interpretação dos rabinos. Mas isso não significa que um ponto de vista espiritual do sexo esteja impedido de surgir no Judaísmo. Existem dimensões espirituais importantes na Bíblia Hebraica e tradições que podem ser exploradas e, neste ensaio, é o que se pretende.

A relação entre homem e mulher oferece, na Bíblia Hebraica, a metáfora central para a compreensão de Deus e de Israel. A narrativa do Torá é *in nuce* (em resumo) a história do namoro, noivado e casamento daqueles dois amantes, Iahweh (Deus) e Israel[1]. É no Sinai que eles confirmam as suas promessas em um protótipo de contrato de casamento. Os profetas freqüentemente retornam a esta metáfora a fim de explorar o significado do legado de Israel enquanto nação independente; pelo menos em algumas das Escrituras, a terceira parte do cânone hebraico, há alusão a Israel como a noiva de Deus, e a Deus como amante de Israel.

Talvez metáfora seja a palavra errada. Para a Bíblia, o casamento de Deus e Israel é a realidade; o casamento humano é que é uma metáfora apenas prenunciando o verdadeiro matrimônio. Sob esta ótica, pois, a história de Deus e Israel apresenta a realidade segundo a qual o casamento humano deve ser moldado. O contrato, então, é a chave para a compreensão desse que é o mais humano dos relacionamentos: o matrimônio.

Para Platão, Deus passa o tempo "geometrizando". A verdade é entendida como objetiva, clara e logicamente demonstrável. Para os rabinos, Deus está no céu "celebrando casamentos". A verdade é o que o noivo promete à noiva e ela, a ele. A expressão nupcial arcaica "dou minha palavra" é uma tentativa de captar esse sentido. Torna claro o radical abismo que separa a narrativa bíblica da filosofia grega. Para a Bíblia, o paradigma da verdade não é uma demonstração euclidiana de um relacionamento geométrico, mas o casal fiel celebrando com alegria as suas bodas de ouro. A fim de entendermos a Bíblia ou o Judaísmo devemos começar por compreender o que é a verdade.

O *Gênesis*, primeiro livro do *Torá*, esclarece de imediato a importância da relação homem-mulher para as formas-pensamento da antiga Israel. Em *Gênesis* 1:26, Deus cria a humanidade à sua própria imagem e semelhança, ação que tem deixado estudiosos ocupados desde então. A imagem de Deus tem sido interpretada de várias formas como "a centelha divina" no íntimo dos seres humanos, como pessoalidade, como a capacidade de ser livre, como a natureza trina (razão, vontade, emoção) da humanidade, como consciência, como razão em si. A lista é quase infinita. O próprio *Gênesis*, entretanto, oferece um significado inesperado:

> Deus criou o homem à sua imagem, à imagem de Deus Ele o criou, homem e mulher Ele os criou.
>
> (*Gênesis* 1:27)

Isto é, a imagem de Deus é de certa forma manifestada no fato de que os humanos são homem e mulher. Esta é a origem da procriação humana; é o meio pelo qual os humanos podem habitar a Terra e submetê-la (*Gen.*1:28). É também reflexo da origem da capacidade divina de criar. Poder-se-ia argumentar que o mundo passa a existir porque Deus é a perfeita união dos opostos. Deus não é duas pessoas que se unem ocasionalmente. Não existe uma Mãe Deusa separada ou separável. Pensar em Deus como sendo duplo é imaginar uma união imperfeita, menos que eterna. Por essa razão, o culto da Mãe Deusa é um anátema para os escritores da Bíblia. Em Deus, o masculino e o feminino estão perfeita e eternamente unidos e devido a isto, a criação de Deus não é ocasional, mas contínua.

Nos dias de hoje, com o nosso conhecimento moderno de Biologia e Psicologia, poderíamos imprimir esta idéia em orientações apenas prenunciadas pela Bíblia Hebraica. Hoje sabemos, por exemplo, que cada pessoa resulta da combinação de genes do homem e da mulher. O gênero do indivíduo pode ser masculino ou feminino, mas dentro de cada pessoa, inscrita no próprio código que fornece a forma essencial de vida, existe uma faceta de um tipo e de outro. No nível físico, o estrogênio e a testosterona são encontrados em todos os indivíduos. É a sua proporção que varia e cria as características de gênero. Quimicamente, a diferença entre homem e mulher é uma questão de grau.

Existem ainda dois lados no cérebro humano, e estes parecem controlar funções tradicionalmente associadas com o masculino (lógica, análise, discriminação) e com o feminino (emoção, intuição, sentido de integridade)[2]. A consciência e a liberdade humanas, alguém poderia argumentar, derivam do fato de existir uma interação entre o que sejam essencialmente duas pessoas no mesmo ser. O mistério de Deus e do homem é que cada qual é muitos e, contudo, um só. Que Deus é "Um" *ahad* é mais do que uma asserção de que Deus seja um número inteiro indivisível. Em Deus, os opostos existem em perfeita unidade e harmonia.

Tudo isto pode estar nos afastando da intenção original do autor. Com certeza pouco se sabia na antigüidade acerca de genes, hormônios e cérebros bicamerais. Ainda assim, os povos antigos foram argutos observadores do mundo e da humanidade. Os escritores bíblicos certamente ponderaram acerca dos mistérios da procriação por meio da qual nos tornamos um. Os mitos do mundo antigo expressam com regularidade a realidade do que Jung chamou de *animus* e *anima* do indivíduo. E o *Gênesis*, com bastante clareza, vincula o mistério da relação homem-mulher ao mistério do próprio Deus.

O segundo capítulo do *Gênesis* complementa o primeiro, descrevendo com detalhes místicos adicionais a criação da humanidade. Segundo a história, Adão (a humanidade) foi originalmente criado sozinho. Como tal, Adão era integral e completo, mas solitário. "Não é bom que o homem esteja só", disse Deus (*Gen.* 2:18). Por isso, após um certo volume de experimentações que levaram à criação dos animais, Deus finalmente tomou uma metade de Adão e transformou-a em mulher[3]. Como conseqüência, Adão perdeu sua unidade primal a fim de obter o que a unidade não consegue oferecer, isto é, companhia.

A perda dessa unidade primal hermafrodita foi essencial para o bem-estar humano, mas foi também ocasião, senão causa, de uma mudança dramática na mentalidade humana. A história da separação entre homem e mulher é seguida imediatamente no *Gênesis* pela história da "queda" da humanidade. Se essa foi realmente uma queda ou o resultado inevitável da situação humana é uma questão que pode ser muito debatida[4]. O que é verdadeiro é que após a criação do homem e da mulher a partir de Adão, e a subseqüente abertura dos seus olhos, surgiu um mundo de diferenciações, um mundo que é retratado graficamente quando o homem e a mulher reconhecem a sua própria nudez. Os homens corrompem-se pelo conhecimento do bem e do mal, e começam a julgar o mundo segundo estas categorias. Como resultado, os humanos alienam-se do seu trabalho, dos seus papéis biológicos, e um do outro. A capacidade de julgar o bem e o mal deixa as mulheres insatisfeitas com o homem, o seu suposto Senhor ou Mestre, e o homem insatisfeito com a companhia a quem ele agora culpa em primeiro lugar por ter causado o problema (*Gen.*3:8-19). Esta situação de alienação também reflete o isolamento do homem em relação a Deus, pois a Bíblia considera que o vínculo do matrimônio é um reflexo direto do relacionamento homem-divindade. A tensão entre o homem e a mulher invariavelmente reflete aquela tensão íntima entre os elementos masculino e feminino do indivíduo. O homem que não aceita a mulher não consegue aceitar de modo essencial aquela sua metade oculta e, lógico, o mesmo *mutatis mutandis* aplica-se à mulher. Esta desordem interna é que separa a humanidade de Deus. O conhecimento de Deus está arraigado na harmonia perfeita que emerge quando os pólos sexuais da personalidade estão coesos em aceitação mútua.

A Bíblia considera que a época anterior a Noé foi de excessiva desordem. A sexualidade e o casamento estavam corrompidos; e por isso o relacionamento homem-divindade estava aviltado (*Gen.* 6:1-8). Conseqüentemente, toda a sociedade humana, repleta de violência, foi destruída por um grande dilúvio das águas primordiais. Após isto, Deus procurou estabelecer um caminho novo e melhor, o caminho de Israel.

Muito depois do início de Israel, o profeta Ezequiel descreveu assim o feito de Deus:

> Assim diz o Senhor Iahweh a Jerusalém: "Por tua origem e teu nascimento, tu procedeste da Terra de Canaã. Teu pai era Amorreu e tua mãe, Hetéia. Por ocasião do teu nascimento, ao vires ao mundo, não cortaram o teu cordão umbilical, não foste lavada para a tua purificação, não foste esfregada com sal, nem foste enfaixada. Nenhum olhar de piedade pousou sobre ti, disposto a fazer-te qualquer dessas coisas por compaixão de ti. No dia em que nasceste, foste atirada ao pleno campo, tal era a indiferença que te mostravam.
>
> Ao passar junto de ti, eu te vi debatendo-te no teu próprio sangue. Vendo-te envolta em teu sangue, eu te disse: "Vive!" Fiz com que crescesses como a erva do campo. Cresceste, te fizeste grande, chegaste à idade núbil. Os teus seios se firmaram, a tua cabeleira tornou-se abundante, mas estavas inteiramente nua. Passei junto de ti e te vi. Era o teu tempo, tempo de amores, e estendi a aba da minha capa sobre ti e ocultei a tua nudez; comprometi-me contigo por juramento e fiz aliança contigo – oráculo do Senhor Iahweh – e tu te tornaste minha. Banhei-te com água, lavei o teu sangue e ungi-te com óleo. Cobre-te com vestes bordadas, calcei-te com sapatos de couro fino, cingi-te com uma faixa de linho e te cobri com seda. Eu te cobri de enfeites: pus braceletes nos teus punhos e um colar no teu pescoço; pus uma argola no teu nariz e brincos nas tuas orelhas e um belo diadema na tua cabeça. Tu te enfeitaste de ouro e prata; os teus vestidos eram de linho, seda e bordados. Alimentavas-te de flor de farinha, mel e azeite. Assim te tornavas cada vez mais bela, até assumires ares de realeza. A tua fama se espalhou entre as nações, por causa da tua beleza que era perfeita, devido ao esplendor com que te cobrias, oráculo do Senhor Iahweh".
>
> (Ezequiel 16:15-43)

Numa palavra, pois, Deus escolheu Israel como sua noiva e nesse casamento ele estabeleceu a base para a reunião entre Deus e a humanidade, o homem e a mulher. O contrato feito no Sinai foi o matrimônio de Deus e da humanidade, a união definitiva dos opostos, a restauração da unidade. Para atingir este propósito, Israel tinha apenas que amar a Deus de todo o seu coração, alma e força.

O problema, de fato, é que Israel não fez isso, talvez porque não pudesse. Quase imediatamente Israel começou a revelar um amor nem tão monogâmico pelo seu marido. Enquanto Moisés ainda estava na montanha, Israel deu as costas ao seu marido para dançar perante o Bezerro de Ouro (*Êxodo* 32:1 em diante). Quando ela alcançou a Terra Prometida, começou imediatamente a se prostituir, cultuando o Baal de Fegor (Números 25:1 em diante). Como resultado, o que devia ser a união dos opostos transformou-se em um novo relacionamento de alienação regido pelos regulamentos do culto (*Êxodo* 34:10-28).

Contudo, o ideal permaneceu, um ideal ao qual se esperava que Israel aderisse. Israel era a noiva escolhida por Deus. Ele a amou com o exuberante *hesed* (amor) que não conhecia limites. Israel foi instada a retribuir com *ahavah*, um amor arrebatador, passional, que busca a unidade através da entrega total.

Foram os profetas de Israel que desenvolveram em maior amplitude esta metáfora do casamento do povo e a subseqüente infidelidade a Deus. Oséias, talvez de todos os profetas o mais explícito a esse respeito, desposa uma prostituta para dramatizar a situação de Deus no mundo. Jeremias descreve a situação como ainda pior, recusando-se a casar a fim de revelar o grande divórcio que ocorrera entre Israel e Deus. Ezequiel, por sua vez, é ordenado a não lamentar a morte da esposa a fim de revelar a indiferença de Deus para com a queda de Jerusalém.

Todos os profetas vêem que Israel, apesar de toda a concessão dadivosa de Deus, fora infiel ao marido e, como resultado, o adultério e a prostituição alastram-se sobre a Terra. Adão não se recupera tão facilmente outra vez. Não obstante, nenhum livro profético deixa de ter alguma palavra de esperança na recuperação futura. Israel, uma vez punida, será retomada. O Messias virá, um novo contrato será firmado.

Mas nem todos os escritores bíblicos são assim otimistas. O autor do Eclesiástico, por exemplo, desconsidera tais esperanças para ver a vida sob uma ótica muito pragmática, senão paradoxal. Para o Eclesiástico, o matrimônio não é mau – dois é melhor que um – mas ele não tem confiança nas mulheres e tampouco sente que o contrato de Deus com Israel ofereça uma perspectiva para a compreeensão do casamento. Para o autor, Deus está no céu, enigmático e amplamente incognoscível. Não existe vestígio algum da união dos opostos.

Ainda outro trabalho, o *Cântico dos Cânticos*, oferece resposta diferente. Ninguém pode ter absoluta certeza sobre qual era a intenção original do autor desta grande obra poética, mas está claro que ele ou ela tomou uma atitude muito positiva com relação ao sexo. Aqui não há ascetismo ou afetação. O poema começa assim:

> Beija-me com os beijos de tua boca!
> Teus amores são melhores do que o vinho ...
> (*Cântico de Salomão* 1:2)

O "enredo" deste poema dramático, entretanto, é difícil de ser interpretado e depende muito da maneira como certas linhas essenciais são traduzidas. Creio que no conjunto a Versão Padrão Revisada proporcione o melhor sentido do original e tenha o seguinte roteiro:

A cantora é uma garota morena e atraente que foi levada ao harém de Salomão. Embora ele dedique atenção a ela e ensaie a sua "linha" romântica, senão algo burlesca, ela em nada lhe corresponde. O seu amante é um jovem pastor de ovelhas, o qual ela espera vir libertá-la. Na verdade, ela o vê de vez em quando na cidade. Certa noite, vai procurá-lo e é espancada pelos guardas por estar tarde na rua.

O pastor está vindo, mas ainda não chegou. Salomão, o grande monarca, está provisoriamente no comando, e a jovem só pode esperar com anseio pelo amado, resistindo até o fim às propostas do rei[5].

> Foge logo, ó meu amado,
> como um gamo,
> um filhote de gazela
> pelos montes perfumados ...
> (*Cântico dos Cânticos* 8:14)

Muitos estudiosos da Bíblia resistem à alegoria, porém neste caso devem admitir que o poema foi colocado no cânone devido ao seu sentido alegórico. Se a nossa leitura estiver correta, a alegoria é clara. Israel, a jovem, está confinada pelas forças opulentas e tentadoras deste mundo no harém de Salomão. Seria fácil demais sucumbir aos agrados do mundo. Mas ela ainda anseia por seu verdadeiro amado, Deus, que de alguma maneira, de algum modo, virá salvá-la de seu infortúnio. Algum dia, eles fugirão para o deserto e ficarão juntos novamente. Até então Israel deve resistir às tentações da matéria e permanecer pura e santa.

Se esta leitura estiver correta, ela expressa muito bem a disposição de grande parte do Judaísmo pós-êxodo. Sua mensagem não é outra senão sensualidade inibida. Antes, o *Cântico dos Cânticos* ensina Israel a desprezar o mundo e aguardar a volta de Deus. Visto sob esta ótica, o poema pode ser o livro mais messiânico da Bíblia. Uma visão messiânica da sexualidade está implícita nele e não devemos ignorá-la. O sexo é bom, se o amado for adequado, mas deve-se estar consciente dos desejos mal orientados da carne, pois eles apenas iludirão e farão o indivíduo prisioneiro do mundo das sensações. Israel deve esperar e ter fé em Deus que voltará para restaurar a aliança e restabelecer a união dos opostos uma vez mais. A realização definitiva do desejo é o próprio Deus.

Uma vez que a era pós-êxodo passou sem qualquer momento definido de restauração ou reconciliação, o ânimo do Judaísmo nitidamente mudou. A antiga Israel, apesar dos seus complexos códigos legais, pouco fez para legislar sobre as questões sexuais. Havia algumas leis referentes a assuntos tais como a brutalidade, a sodomia e o incesto, mas o Torá é pouco explícito quanto a uma lista completa de temas, incluindo o divórcio e a poligamia. De modo geral, a Israel pré-êxodo dependia mais da tradição popular que de códigos legais para regular as relações sexuais. Portanto, seria difícil estabelecer uma ética sexual completa baseada somente no Torá. Está claro que os antigos israelitas, embora não fossem hedonistas de forma alguma, tampouco eram particularmente puritanos acerca das questões sexuais.

No período pós-êxodo, na segunda nação, esta atitude liberal e descontraída mudou drasticamente à medida que os rabinos procuravam elaborar um sistema legal complexo planejado para abranger todos os aspectos da vida. Louis M. Epstein escreve:

> Os padrões de moralidade sexual foram profundamente alterados durante a Segunda Nação. A ingenuidade e a inocência que caracterizavam o período antigo renderam-se à suspeita mundana. Esta mundanidade resultou do novo contexto em que o judeu pós-êxodo se encontrava, o comércio substituindo em larga escala a agricultura, a vida urbana vencendo a existência rural medíocre. A mundanidade da civilização, mais ampliada, naturalmente, trouxe uma sensação de incerteza, culminando no pessimismo, e deste ao ascetismo. A incerteza também tem o efeito contrário, o de estreitar os vínculos

íntimos, de enfunar as velas, por assim dizer, resultando em disciplina e legalidade rigorosas. Estes quatro aspectos, a mundanidade, o pessimismo, o ascetismo e a legalidade, tiveram sua influência combinada sobre o sexo da época[6].

Nós poderíamos querer discordar do autor quanto à ingenuidade da Israel pré-êxodo e quanto às razões do crescente pessimismo, mas este ponto central com certeza foi bem explorado: o Judaísmo tornou-se bastante descrente da sexualidade fora dos laços rígidos do matrimônio e veio a limitar a prática dos judeus, por meio de uma coleção de opiniões legais. O *yezer hara,* em grande parte identificado com o impulso sexual, tornou-se algo a ser suspeitado e temido.

Entretanto, nunca este pessimismo e ascetismo se tornaram completos. Deus, bem no início da criação, ordenou que os humanos fossem férteis e se multiplicassem, e esse imperativo não podia ser frustrado. O *mikveh* precisava ser realizado. Na verdade, tratava-se de uma crença comum que nenhum ser humano era completo fora dos laços do matrimônio. Um adulto solteiro era considerado virtualmente imoral, pois o mandamento primeiro de Deus não havia sido levado a sério.

Além do mais, à medida que o tempo passava o pessimismo e os pontos de vista ascéticos do mundo helenístico abrandaram um pouco. Os compiladores do Talmude, embora ainda às vezes suspeitassem da sexualidade, no geral adotaram um ponto de vista razoável e equilibrado. O matrimônio era altamente valorizado e o próprio desejo sexual era aceito como abençoado por Deus, se manifestado dentro de laços aceitáveis. O papel das mulheres era defendido da tendência ao confinamento e à virtual escravidão. No Talmude há importantes tentativas de proteger a viúva e outras mulheres em dificuldades que lhes teriam sido impostas.

Porém, no Talmude, a posição espiritual insinuada na Bíblia permanece não desenvolvida. O Talmude tende a enfatizar os casos legais mais que a metafísica. As relações entre os sexos eram abordadas de modo franco e moralista. Aos cabalistas esotéricos foi deixada a tarefa de assimilarem e desenvolverem as características mais esotéricas da antiga Escritura[7].

Para a Cabala, o mundo físico, assim como o espiritual, são manifestações de Deus e por isso essencialmente bons. Isso significa que o sexo é bom, é obrigatório, o mandamento de Deus. Além do mais – e aqui os cabalistas parecem ter percebido o que a Bíblia insinua – o próprio Deus está preso ao amor. Existe uma atração essencial, metaforicamente descrita como sexual, entre Deus e seu *Shekinah* ou Espírito. No verdadeiro culto, sua unidade completa-se e o estado Uno Divino é proclamado. A congregação de Israel é, como que elevada até Deus Pai na medida em que o *Shekinah* ascende, na prece e na adoração, para unir-se a Deus. Do ponto de vista humano, isso é experimentado como o êxtase religioso. Do ponto de vista divino, a união de Deus e seu *Shekinah* é a realização de Deus Pai, a unidade que é fonte de toda criação e a verdade que é anunciada no grande Shemah:

> Ouve, ó Israel: Iahweh nosso Deus é o único Iahweh!
> (*Deuteronômio* 6:4)

Entretanto, no mundo moderno, em face do pensamento racional, científico, a influência da Cabala diminuiu drasticamente. Não obstante, o potencial para um ponto de vista espiritual do sexo ainda pode ser encontrado no Judaísmo. À medida que analisamos os temas básicos da Bíblia Hebraica e as tradições, parece que a abordagem hebraica da questão bem poderia ser desenvolvida segundo as seguintes diretrizes:

1 A relação entre homem e mulher entre si e enquanto indivíduos reflete um pouco do mistério do próprio Deus. Tornar-se uno com o nosso oposto sexual interno é conhecer um pouco do mistério da unidade de Deus. A relação entre homem e mulher nos revela a natureza de Deus em si.

2 Para nos reconciliarmos e harmonizarmos com alguém do sexo oposto, deve-se primeiro ter boas relações com as verdades desse sexo interno. Um homem não pode amar realmente uma mulher sem aceitar-se e amar a si mesmo enquanto mulher. O mesmo vale, é lógico, para a mulher. De um modo curioso, só se pode amar alguém na medida em que nos amamos.

3 Esta harmonia, entretanto, não é fácil. Nós comemos da Árvore do Conhecimento do bem e do mal e, portanto, nos encontramos estranhamente alheios a nós mesmos e ao nosso mundo. Reprimimos e rejeitamos a nossa própria dualidade e, como conseqüência, rejeitamos tanto o nosso oposto sexual quanto o próprio Deus. A história de Israel confirma a grande dificuldade que os humanos têm de se conformar com as verdades de sua própria natureza.

4 Existem momentos milagrosos quando um homem e uma mulher formam uma união perfeita. Estes momentos de êxtase oferecem uma pista do reino Messiânico que está por vir, pois, quando chegar a hora, a unidade de Deus estará perfeitamente refletida em cada indivíduo.

5 A força unificadora da Unidade de Deus é o amor, que em Hebraico é de dois tipos. O amor de Deus por Israel chama-se *hesed* é um amor efusivo, generoso e duradouro. O amor de Israel por Deus é *ahavah*, um amor terno, devotado, abnegado. A unidade da personalidade é caracterizada pelo entrosamento destes dois amores em aceitação mútua. O erótico não está excluído de forma alguma, mas é admitido em um amor que antes aceita do que simplesmente usa.

6 Quando este círculo de amor é manifestado no indivíduo, então outro ser humano pode ser trazido ao seu interior. A auto-aceitação pelo homem ou pela mulher produz o amor pelo sexo oposto. O matrimônio é uma manifestação do ciclo cósmico do amor que se une a Deus.

Os efeitos do amor não se resumem ao casamento. A violência, o crime, a guerra e o ódio são todos, na origem, manifestações da incapacidade de aceitar todos os aspectos do "eu". Quando o "eu" está unificado no amor recíproco, então a própria violência é destruída. A violência não pode existir em face da auto-aceitação.

7 Entretanto, nesta vida, a nossa auto-aceitação é fadada à imperfeição. Sempre existem áreas do "eu" que permanecem rejeitadas. Então surge o ódio, e o mundo se torna violento. Nós nos corrompemos pelo conhecimento do bem e do mal, e por causa disso não podemos voltar à unidade cósmica. Mas não precisamos nos desesperar. As insinuaçoes do amor divino estão presentes. Embora nos mantenhamos enclausurados no harém de Salomão, o jovem pastor passa perto de nossa porta. No devido tempo ele virá para realizar em nós a promessa de sua imagem.

O matrimônio, por um lado, é visto com olhos sensatos e lúcidos pela tradição judaica. Duas criaturas imperfeitas estão destinadas a conhecerem o ódio bem como os momentos de amor. Às vezes a separação e/ou o divórcio se faz necessário. Deve haver leis para preservar a frágil instituição do casamento e proteger o indivíduo de uma relação de ódio que se desenvolve em certos casos.

Não obstante, o matrimônio é também um estado espiritual no qual se pode conhecer o amor unificador divino. É um relance do êxtase celestial, preenchimento das mais profundas necessidades espirituais humanas. O casamento não é *somente* uma união pragmática com o propósito de criar e educar os filhos. Ele deve ser guardado como a nascente da nossa espiritualidade mais profunda. Ele é a reconstituição do Homem Original conhecido na Bíblia como Adão.

Referências

1 Jay G. Williams, *Ten Words of Freedom* (Philadelphia: Fortress Press,1971, p.88-92.

2 Tais associações são, é claro, caricaturais. Muitas mulheres são altamente lógicas; muitos homens, bastante emotivos. Contudo, estudos recentes mostram que existem, de fato, diferenças físicas e mentais entre homens e mulheres. Estas diferenças tendem a seguir as linhas estabelecidas pela nossa "sabedoria popular".

3 A palavra *sayla*, geralmente traduzida como "costela" em *Gênesis* 2, pode ser (e seria mais lógico fazê-lo), traduzida por "lado". Esta é a única parte da Bíblia onde *sayla* é interpretada como uma costela humana.

4 Jay G. Williams, "*Genesis* 3", *Interpretation*, Vol. XXXV, Nº 2, julho de 1981.

5 Jay G. Williams, *Understanding the Old Testament* (Nova Iorque: Barron's, 1972), p.295-97.

6 Louis M. Epstein, *Sex Laws and Customs in Judaism* (Nova Iorque: KTav Editora, 1967), p.5-6.

7 Jay G. Williams, *Judaism* (Wheaton, Ill.: Theosophical Publishing House, 1980), p.89-93.

Quando você tornar uno o que era dois, quando fizer o interior como o exterior e o exterior como o interior, e o superior como o inferior, e quando tornar o masculino e o feminino em um apenas, de maneira que o masculino não seja mais masculino e o feminino não seja mais feminino... então você penetrará o Reino.

Evangelho Apócrifo de Tomás

SRI M.P. PANDIT

A DIMENSÃO ESPIRITUAL DA REVOLUÇÃO SEXUAL

Que Ele sempre nos proteja
Que apreciemos nosso trabalho
Que nosso conhecimento se torne claro
Que nunca odiemos
Paz, Paz, Paz.

O sexo é um assunto que se foi cercando de muitos tabus ao longo dos anos. Quase todas as religiões associam sexo com pecado. Existe pecado original como elas afirmam?

Sri Aurobindo, meu mestre, diria que não existe pecado exceto ignorância. Ignorância aqui significa não conhecer-se e à sua relação com a realidade; a ignorância de pensar sobre a divisão entre si mesmo e os demais é um pecado. A queda do homem é a queda do sentido de unidade para o sentido de separação. Quanto mais se cresce em consciência, em conhecimento, mais a ignorância retrocede. A ignorância tem de retroceder à medida que o conhecimento aumenta.

Quase todas as tradições religiosas do passado, e, portanto, as tradições sociais do mundo que se banharam nas religiões, afirmam que o sexo é pecaminoso. O prazer associado ao sexo é considerado sensual e como um obstáculo ao encontro com Deus. Por quê? Durante séculos e séculos, tanto no Oriente quanto no Ocidente, este equívoco se manteve. Recentemente, contudo, o espírito do homem, sua natureza, rebelou-se contra as idéias erradas e as concepções de Deus. Agora ele se revoltou contra os conceitos equivocados sobre o sexo. Este está se tornando uma parte legítima da vida. Ele possui, agora, um papel.

Um ponto de vista objetivo dos fatos mostraria que o dinheiro, o poder e o sexo são as três grandes forças da constituição atual do universo humano. Toda pessoa é naturalmente atraída pelo dinheiro, a força, o poder de qualquer tipo, e o sexo – estas são forças universais, não são contribuições particulares de qualquer indivíduo.

O sexo é uma força universal na Natureza. Esta tem sido muito dotada de força, ou sexo, a fim de realizar a sua própria intenção de perpetuação das espécies. Se o instinto subjacente ao sexo não fosse intenso, se o princípio do prazer não fosse agudo, poucos se preocupariam em procriar e se envolver com as conseqüentes responsabilidades.

Sendo o sexo uma força universal que prevalecerá sobre quem quer que esteja preparado, ele despertará nessa pessoa através do desejo. É por meio do desejo que um homem e uma mulher se unem. Eles são atraídos um para o outro por alguma afinidade apenas, sem qualquer base válida; então a natureza se instala e cria o desejo e a vontade sexual. Ela verifica se o homem e a mulher podem ser levados a cumprirem o seu objetivo. Assim, onde está o pecado? Se houver pecado, é o pecado da natureza e não nosso enquanto indivíduos. É como a fome – não nos culpamos por senti-la.

No âmago disto, existe um outro princípio, que é observado e consagrado nas verdades espirituais pela tradição dos tantras, que é o princípio básico deste Universo. Depois que todas as mudanças são eliminadas do mundo aparente, algo permanece, e isso é o espírito. Nós o denominamos Absoluto. Porém, este Absoluto ultrapassa qualquer definição, qualquer descrição. Ele é a Realidade Absoluta. Embora não possa ser conhecido pela mente, embora não possa ser expresso pela linguagem humana, revela-se à consciência humana de três maneiras. Ele se revela como completa "existência", ou *sat*. A Natureza desta existência, ou *sat*, é a "consciência", ou *chit* – algo consciente e onisciente. O caráter deste ser consciente é "deleite", ou *ananda*. Portanto você tem *sat*, *chit* e *ananda*. É a partir de uma ebulição de deleite que este Universo se forma. Manifestar este deleite em cada partícula, em cada átomo, é a intenção.

Nós todos estamos envolvidos em um momento evolutivo que nos coloca no estágio intermediário. É por isso que não vemos o princípio penetrante do deleite, mas existe em nós, subjacente a toda a experiência cotidiana, alguma coisa deleitável – as emoções, a paz de espírito, e nos níveis físico e vital, o sexo. Em certo sentido, o sexo é o canal através do qual o indivíduo humano se relaciona, ou se oferece à corrente do deleite. Nas disciplinas espirituais, praticadas em sua pureza há séculos atrás, o sexo era utilizado como meio para abrir os canais nervosos obstruídos que se situam entre o homem e Deus. Portanto, o sexo faz parte da disciplina espiritual. Mas isto somente quando alguém comunga seu espírito com o de outrem, onde não existe paixão, onde se perde o senso de individualidade, e o fruto é oferecido ao divino. Muitos ocidentais que escrevem e falam a respeito dos tantras, por conveniência esquecem que o sexo e o tantra têm de estar livres de desejos, livres da paixão.

O tantra identifica três categorias de praticantes. O primeiro é o homem bruto, o escravo do desejo, que é guiado pela paixão e é chamado de homem animal; ele não tem o direito de praticar o sexo como parte do tantra. Em segundo lugar, há o homem heróico que venceu a paixão, os desejos, a inércia, que é dinâmico e é um canal para o fluir da alegria em direção ao divino. Em terceiro, há o homem-Deus, o homem que está acima. Ele não se interessa por sexo, que não tem relevância para ele. Para ele, o sexo faz parte de um esforço espiritual a fim de englobar tudo na vida e devolver tudo a Deus, no sentido de utilizar cada experiência da vida para a ascensão da consciência em direção a Deus. Este tipo de sexo não era proibido, não estava censurado. Afirmava-se com clareza que aqueles, cuja natureza era assim constituída, podiam participar do sexo sem as paixões animais. Para eles, o tantra era permitido, e as suas emoções eram acentuadas por meio dele.

É muito fácil iludirmo-nos dizendo que não temos desejos, não temos paixões. Quando este movimento surgiu havia muito pouca pureza, havia muita decepção, e o tantra deixou de ser praticado coletivamente na Índia a partir dessa época. Na Índia não se pratica tantra, não se ouve falar muito em tantra; só quando eu venho ao Ocidente é que vejo todos esses grupos e pessoas falando em tantra e fazendo perguntas a respeito de *kundalini* e de sexo. Ninguém pratica *kundalini* na Índia. Não tem relevância. Esse processo trabalhoso não faz sentido no encerramento do século vinte. A consciência humana cresceu tanto, houve uma tal explosão de conhecimento, que todos esses antigos métodos primitivos não se fazem necessários; atualmente, porém, os tantras têm sido associados com o sexo. Muitas pessoas falam em tantra somente como um meio de salvar sua consciência culposa.

Admito que a questão da consciência não está no sexo. No Ocidente, os que estão em busca, perguntam-me. " É errado que um instrutor espiritual faça sexo com quem o segue?" Não há no mundo uma disciplina espiritual exigindo de seu guru ou instrutor que tenha relações sexuais com seus discípulos. Tampouco a transmissão de energia ou bênção requer este tipo de troca grosseira. Se você é honesto, faça sexo enquanto homem e enquanto mulher, mas não nas posições de guru e discípulo. Tais papéis não deveriam ser confundidos.

Qual é pois o papel do sexo? Deixei claro que não existe pecado associado a ele. Trata-se de uma função biológica, um mecanismo da Natureza em todos os seus níveis. A liberação do sexo nos dias de hoje é uma compreensível revolta contra os tabus e os preconceitos cegos que se formaram ao seu redor. É o meio da Natureza abrir caminho para provocar esta reação. É inevitável que ocorram abusos quando acontece uma reação. Ocorrem abusos em todos os movimentos de massa como esse. Referimo-nos à Revolução Francesa, à Revolução Bolchevique, a todos os tipos de revoluções políticas. Todos podem provocar algum objetivo desejado, mas ele é desempenhado com grande violência, com muita injustiça; de modo semelhante, esta liberação dos antigos obstáculos e tabus sexuais, pela nova geração, é um momento de explosão compreensível e talvez desejável, que abrirá caminho para uma evolução humana adicional.

Uma vez que o mistério sobre o sexo e a sua ocultação sejam extintos, a obviedade do sexo irá torná-lo menos encantador. Talvez você tenha ouvido falar que, na Dinamarca, o país europeu onde o movimento pornográfico foi mais intenso, a maioria dos estabelecimentos comerciais afins fecharam porque não havia mais interesse pela pornografia sexual. As únicas pessoas que os visitavam eram turistas. O sexo perdeu a atração naquela forma.

É portanto um mecanismo da Natureza para esclarecer o tema do sexo. Uma vez que o charme do proibido seja visto, todo o charme desaparece. Naturalmente, no processo de esclarecimento ocorrem abusos. O sexo normal torna-se tedioso. Outras formas sucedem-se e estas também tornar-se-ão tediosas. A natureza humana é tal que não consegue ater-se a um só tipo de divertimento ou prazer por muito tempo. Ela tentará inventar algo novo, e o cérebro humano é muito fértil neste campo.

Porém, esta é uma passagem transitória, porque o sexo pertence a determinado estado no desenvolvimento da humanidade. Enquanto vivermos mais no domínio vital, físico, o domínio do prazer físico e da excitação vital, o sexo atrairá, mas uma vez que pela consciência ultrapassemos o físico, o sexo tornar-se-á irrelevante. Quando a consciência de alguém está centrada em uma luz dirigida para o alto, que se expande pelas dimensões cósmicas, o sexo é absolutamente irrelevante. Isto se equipara ao ponto de vista dos ocultistas, segundo o qual o sexo como meio de procriação deixará de existir no futuro. À medida que emergir a nova consciência, a nova era para a qual estamos com confiança nos preparando, o sexo perderá o seu poder e influência sobre os seres humanos.

Temos cerca de duas mil pessoas vivendo em nossa comunidade, e temos um centro educacional onde existem mais ou menos setecentos alunos. Uma das meninas da escola perguntou certa vez à minha mestra, a Mãe, "É verdade que as mulheres são inferiores aos homens?" A Mãe disse: "Isso sempre me interessou muito. A mim também disseram que as mulheres são inferiores, e em muitas das tradições religiosas elas não têm o direito de participar de determinados rituais, as coisas lhes são negadas. Então", disse ela: "eu queria descobrir qual era a verdade por detrás desta diferenciação entre os sexos". Certa vez, durante a sua meditação, ela saiu do corpo físico e dirigiu-se diretamente à Fonte da criação para ver qual era a verdade por detrás disso. Lá descobriu que essa distinção não existe em absoluto. Por outro lado, o masculino e o feminino denotam, nos planos superiores da existência, uma voz destacada de consciência. O feminino representa o executante, a parte dinâmica da consciência, algo que dá apoio e dirige, algo que executa e dinamiza. É somente quando a criação "desce mais e mais" que esta diferenciação dos sexos no corpo físico tem início para cumprir os objetivos da Natureza; mas esta era está terminando.

Trata-se de uma percepção confirmada, e até certo ponto uma experiência viável, à medida que os indivíduos se desenvolvem espiritualmente, à medida que a consciência superior substitui a consciência humana normal, os órgãos sexuais do corpo passam por uma transformação. O sexo enquanto processo de procriação torna-se insconstante.

Nos dias de hoje reproduzimo-nos de maneira física através do sexo. O homem mental, o grande escritor, aquele que tem visão, reproduz-se em nível mental por meio de sua expressão escrita. Um homem transformado, um homem gnóstico, divinizado, reproduz-se de um modo divinizado, não através do sexo. Este é o futuro para o qual estamos avançando; um futuro onde o sexo não desempenhará qualquer papel. À medida que o homem evolui, o sexo tem um papel menor. Isso pode acontecer daqui a mil, talvez cinco mil anos; nós não sabemos, uma vez que o fator tempo não é previsível. Essa é a direção que a evolução humana está tomando, e o que está acontecendo hoje está de acordo com ela. O sexo tornou-se tão óbvio que ele perdeu a atração. A verdadeira revolução sexual não está onde se dissipam energias sexuais, mas sim onde se insiste em conservá-las.

A ciência *yogi* tem uma explicação muito racional sobre a necessidade de conservar a energia sexual. Ela é uma das expressões de energia inerentes ao corpo humano altamente criativa, altamente poderosa. À medida que o corpo se desenvolve, ele chega a um certo estágio em que fica repleto de energia sexual. A Natureza manifesta-se através dos desejos, das paixões, da vontade de gastar esta energia e empregá-la com vistas à continuação da espécie. Contudo, se uma pessoa responsável, uma pessoa desperta, preserva essa energia em vez de desperdiçá-la, ela reúne calor no corpo e, assim como a água quando é aquecida, ela cria o chamado *tapas*. *Tapas* é calor. Como conseqüência desse calor no corpo, a força de vontade torna-se mais dinâmica. Quando este calor é alimentado, preservado e incentivado a crescer, ele se transforma em luz. *Tapas* transforma-se em *tejas*, e o resultado é a iluminação das células cerebrais; a capacidade do cérebro aumenta. O terceiro estágio é quando o calor bem como a luz se transformam em uma espécie de eletricidade íntima, resultando daí a união do cérebro iluminado com a força de vontade dinâmica. O quarto estágio é quando esta eletricidade íntima se transforma no poder Criador do éter primordial, denominado *ojas*. Desenvolvemos esta capacidade criadora não necessariamente de maneira física, mas pelo pensamento; pela vontade se pode criar. A consumação definitiva é que essa energia íntima se transforma em espiritual; nem energia vital, nem energia física ou mental, mas energia espiritual, que leva à auto-realização. Esta é a verdadeira revolução sexual que os seres humanos são chamados a realizar uma vez que despertem. O que estamos vendo agora é uma revolução da outra extremidade. Ambas são revoluções no sentido de que buscam um caminho alternativo.

Estas são algumas implicações na revolução sexual. Eu gostaria de resumir os pontos principais que apresentei. Sexo não é pecado, e sim uma parte legítima do homem. O sexo é relevante enquanto nos sentimos atraídos por ele, mas à medida que crescemos em consciência, o sexo torna-se irrelevante e vamos além. A experiência sexual é apenas transitória; quando for generalizada em sua disponibilidade, ela perderá a atração. Partindo desse ponto de vista, trata-se de uma parte necessária da evolução pela qual estamos passando no momento presente, talvez em formas feias de práticas sexuais e com um interesse no sexo que é quase sua perversão. No contexto espiritual, o sexo é considerado como algo santificado, sagrado, e até mesmo *yogi*; ele é apenas a expressão física de um verdadeiro momento de amor e de doação mútua. O sexo físico acrescenta uma certa integralidade física a essa experiência e, ao fazê-lo, ele abre as portas do ser emocional para o deleite físico. É possível utilizar o sexo em sua pureza quando ele não for o resultado da paixão, mas expressão do verdadeiro amor; nestes intercâmbio e comunhão ele abre as portas da alma. Existem muitas "condições", e devemos nos purificar em todos os níveis do ser antes que esta escalada da consciência torne-se possível.

Aquele que às alegrias da vida se apega
As asas, contidas na vida, nega;
Aquele que reverencia a alegria que parte
Vive em celestial Eternidade.

William Blake

HAZRAT INAYAT KHAN

A PAIXÃO

Quando se considera a natureza da paixão, percebe-se que ela é a própria vida; é a energia que toma forma sólida e expressa-se por diversos canais e saídas. Os diferentes desejos tais como falar, cantar, dançar, rir, chorar, lutar, brigar, lutar são diferentes expressões da mesma energia, cuja expressão central ou definitiva ocorre na paixão entre os sexos.

A paixão é perceptível nos grupos formados por falante e ouvinte, ou pensador e receptor, ou ator e espectador, mas aparece com mais força e vitalidade no amor do amante e na reação do amado. A paixão do poeta está na sua poesia; a do músico compõe melodias; a do ator declama o seu papel. O ato da criação, não importa em que aspecto, é o jogo da paixão, cujas fonte e base são somente o amor; pois, assim como o homem sem humanidade é vazio, e assim como o corpo sem espírito está morto, também a paixão sem amor é energia cega e destituída de beleza.

A paixão é o desejo do amor. A paixão é a expressão do amor e a satisfação do amor. Não é exagero dizer que a paixão é a meta do amor, pois o objetivo do amor é realizado por ela. A vida do homem é composta de muitas vidas, e o ciclo de cada uma é completado quando a paixão que inspira cada qual é satisfeita.

Todas as coisas da vida têm uma finalidade; a finalidade de algumas é conhecida, a de outras, desconhecida. E além da vida e sob ela existe essa atividade que a mente limitada não consegue compreender. Mas tanto quanto o entendimento humano possa investigar, ele não consegue descobrir propósito e valor maior para o mundo do que a paixão. Sob essa forma se esconde a mão do Criador.

Em todos os aspectos da vida, desde o reino animal até a humanidade, ela é a única fonte e causa de geração; e isso por si só revela ao pensador a sua importância. Os grandes mestres da humanidade, portanto, têm desejado que o homem veja toda expressão de paixão como sagrada; e como a mais sagrada de todas elas, aquela que existe no amor dos sexos um pelo outro. O desejo de fazer da paixão sexual algo muito sagrado é observado no ensinamento de Shiva; e a origem do culto fálico reside no desejo de despertar a santidade da paixão aos olhos da humanidade, e isentá-la da vergonha e do desdém com que os homens a encaravam.

O desejo que o ouvido tem de ouvir mostra-se claramente quando não conseguimos escutar devido a um ruído perturbador. Então a paixão de ouvir não é satisfeita, e o homem fica confuso; ele pedirá aos demais para fazerem silêncio por um instante ou, sendo fraco, perderá o controle caso não lhe permitam escutar o que deseja ouvir naquele momento. Quando se cheira algo, logo vem o desejo de sentir o seu odor até sabermos do que se trata, até podermos entender completamente e usufruir o aroma. E o mesmo acontece com o paladar; o sabor de um prato delicioso logo tenta o homem a provar mais, a saboreá-lo por inteiro.

A visão da beleza dá ao homem o desejo de vê-la em profundidade, até que a sua visão esteja satisfeita. No homem médio a paixão do tato é, entretanto, a forma mais intensa de sensação; pois, através deste sentido, a consciência vem à superfície. O conforto das roupas macias, das poltronas, do calor no inverno, da brisa no verão, ou, do frescor no banho, é comunicado ao homem por meio do sentido do toque. Na verdade, a maior parte dos prazeres depende dele, e este sentido atinge seu ápice na paixão do corpo por um outro do sexo oposto. Mas não é somente o sentido do toque que é energizado ao máximo na paixão sexual; cada sentido é despertado então, e portanto é essa paixão sexual que move a humanidade mais do que qualquer coisa no mundo.

Em cada aspecto diferente da alegria é alcançado um plano diferente de existência, mas na paixão sexual todos os planos da existência estão em movimento. Quando a energia acumulada é expressa no abstrato através do sentimento, ela vem como riso ou lágrimas, raiva, carinho, medo, ou compaixão. A energia expressa através da mente vem como linguagem ou pensamento; e expressa através do corpo, como ação. Mas a expressão de carinho intenso pelo sexo oposto traz todo o ser à superfície. A consciência, que em outras experiências vem à tona apenas de forma parcial, permanecendo encoberta em sua maior parte, é inteiramente trazida à superfície apenas pela paixão sexual. É por isso que as pessoas espiritualizadas têm se abstido da paixão sexual, e as pessoas religiosas têm-na considerado degradante. Pois a consciência da alma é assim trazida para o exterior ao invés de ser preservada no íntimo, e a alma é trazida à Terra embora o seu destino seja, por assim dizer, o céu.

Porém, se este mundo é a obra de um Criador, foi criado para que Ele pudesse experimentar a vida exterior. Em outras palavras, o aspecto cognoscitivo da vida desejava conhecer a parte cognoscível da vida; e a sua alegria depende do conhecimento, que só vem pela experiência. Além do mais, a sua evolução e desenvolvimento dependem da inspiração que só é trazida pela experiência. E visto que é necessário para o aspecto cognoscitivo da vida, ou a alma, voltar em toda a extensão ao seu estado de existência original, também é necessário que antes de mais nada ela experimente a vida que ela criou, pela própria razão de vir a conhecer.

Aquele que sendo homem,
Acalenta o seu lado feminino,
É em si mesmo
Um útero para o Mundo.
Ele é um canal universal
Da verdade eterna
Vivendo na verdade eterna
Ele manterá a eterna juventude.

Kalid A. Rah
The High Way: Reflections on the Tao

HERBERT GUENTHER

A POLARIDADE MASCULINO-FEMININO NO PENSAMENTO ORIENTAL

Na China, a polaridade masculino-feminino é representada pelas forças fundamentais de *Yin* (feminino) e *Yang* (masculino). O emprego filosófico destes termos encontra-se no quinto capítulo do quinto apêndice do *I Ching*, onde se lê: "Um *Yin* e um *Yang*, isso é o *Tao*". Segundo a explicação adicional de antigos autores chineses, os componenetes *Yin* e *Yang* nunca se separaram totalmente, mas a cada etapa apenas um se manifesta e predomina, enquanto o outro permanece latente e recessivo. No decurso das discussões do funcionamento em forma de onda destas forças, não há insinuação de bem e mal(1).

Enquanto na China a obtenção e a manutenção do equilíbrio entre o *Yin* e o *Yang* era considerada a fonte da felicidade, da saúde e da harmonia, no Japão a polaridade é vista antes como uma tensão e como possuindo um papel. A polaridade aqui é representada por Amaterasu, a deusa do Sol, e por Susanoo, o deus da tempestade. Seu relacionamento, segundo a lenda, era forçado, mas novamente não existe qualquer avaliação em termos de bem e mal. O aspecto feminino foi adotado como diretriz pela nobreza, o aspecto masculino, pela classe dos guerreiros, e o Budismo participou dessa polaridade, Kannon e Amida, ambos apresentando características ternas pelo lado da extremidade feminina do espectro, e Fudō e Dainichi, demonstrando características frias e rígidas na extremidade masculina(2).

Embasando todo o pensamento indiano está uma idéia fundamental que, embora tenha sofrido variadas interpretações através dos séculos, e às vezes tenha sido temporariamente relegada ao segundo plano, sempre esteve presente. Esta idéia rege que os princípios de masculinidade e feminilidade corporificados nos homens e nas mulheres são intrinsicamente positivos e divinos em seus próprios direitos e que a sua implementação nos relacionamentos homem-mulher, incluindo o sexo, é a manifestação do Divino. Assim o homem participa do plano divino não só como uma simples criatura, mas como sendo ele mesmo um criador. O *Brhadāranyaka Upanishad* analisa este tema em prolongada discussão, cujos pontos essenciais são os seguintes:

---

(1) Joseph Needham, *Science and Civilization in China* vol.2, p.277.

(2) Shinko Mochizuki et al., Teihon Butsu-zō: Kokoro to Katachi p.226.

> No início este (isto é, o Universo) era o Virāj sozinho sob a forma de uma pessoa...[3]
>
> Ele se tornou do tamanho de um homem e uma mulher em forte abraço. Ele dividiu este corpo em dois. Desta (divisão) surgiu o marido (*pati*) e a mulher (*patni*). Ele se uniu a ela. Da (união) nasceram seres humanos[4].
>
> Ele (Virāj) percebeu: "De fato, eu sou a criação pois produzi tudo isso". Portanto Ele se tornou o Criador. Aquele que sabe disso se torna um criador na criação do Virāj[5].

O Virāj, "O Iluminado", então identificado com o Absoluto na sua forma compreensível de *Ātman* ou Eu e, em termos personalistas denominado *purusa*, "pessoa", tem dentro de si a polaridade da masculinidade e da feminilidade que é o "esplendor" da realidade, e quando se parte (*pat*) retém em cada uma das suas partes o esplendor de sua origem. Não ocorre a supervalorização de uma sobre a outra, e a união sexual é uma manifestação divina realizando a natureza de tudo o que é. Assim, o Universo inteiro "corporifica" a energia divina e criadora, e o homem na cópula reproduz em escala limitada, mas não menos sublime, o processo cósmico da criação. A masculinidade e a feminilidade enquanto qualidades divinas de mesmo valor encontraram expressão artística em *Shiva* como *Ārdhanārīshvara* "Metade Homem-Metade Mulher". Entretanto, *Shiva* não é só o grande amante, é também o grande asceta. É na interpretação deste último aspecto que surgiu uma das piores confusões de choque cultural. Nós no Ocidente viemos a compreender o ascetismo como a depreciação de tudo o que é prazeroso e natural ao

(3) *Brhadaranyaka Upanishad*, I IV 1.
(4) *Brhadaranyaka Upanishad*, I IV 3.
(5) *Brhadaranyaka Upanishad*, I IV 5.

homem, que se supunha estar sob a proibição irada de Deus, uma idéia que se espalhou rapidamente pelo Cristianismo. O "ascetismo" indiano nada tem a ver com essa idéia. A palavra indiana *tapas* significa acumulação de energia vital, e era praticada para ganhar força, para tornar o indivíduo capaz de realizar trabalhos extraordinários. Desde tempos remotos, persistiu-se na significação espiritual da sexualidade, e a identificação entre o sêmen e a vitalidade espiritual ainda hoje é difundida. A perda do sêmen, seja pela cópula ou pela emissão espontânea, é vista com receio, porque ela é sentida como perda de força. Por essa razão, armazenar esta energia vital até que o corpo esteja dela repleto, em alta pressão, não significa ter uma visão obscura da sexualidade, antes pelo contrário; *Shiva* também é conhecido como *urdhvalinga*, em referência ao estado da mais alta tensão que está representada por seu membro ereto na escultura erótica da Índia. O bem conhecido escrúpulo de Gandhi com relação ao sexo e os modernos "swamis" tipo exportação simplesmente refletem o conflito pendente entre a tradição indiana e a moralidade vitoriana, sendo a primeira mais ou menos rejeitada, a última imitada, e por isso ilusória e enganosa.

Ainda, segundo a lenda, *Shiva* inflama *Kama*, o deus do amor. Isso tampouco implica qualquer desprezo pela emoção do amor ou pela pessoa que provoca esta emoção. Ao contrário; do mesmo modo que, em termos físicos, diz-se que o armazenamento do sêmen leva ao estado de elevada vitalidade, também a eliminação do egocentrismo e da possessividade levam à "emoção permanente" (*sthāyibhāva*) do amor (*shrangāra*). *Kama* é uma "irritação" indicando carência de amor, *shrangāra* é uma emoção duradoura, abnegada, altruísta, não carente. Em sua experiência, o "amante" é um só com o "amado", não em termos numéricos, mas no sentido de que expressões tais como unidade e dualidade não se aplicam mais. Não apenas *Shiva*, como o grande amante, pratica o ato sexual por eras, como também seu orgasmo tem essa duração. *Shiva*, o asceta, e, *Shiva*, o amante, não são tão contraditórios como possam parecer à primeira vista. O símbolo de *Shiva-Pārvatī* é a forma visível de nossa experiência, quando existe total comprometimento de corpo e mente como que unidos em ação, e dando a sensação de preenchimento.

O tantrismo hinduísta tem como base filosófica o dualismo do sistema Samkhya o qual, outra vez do ponto de vista filosófico, se aproxima de uma espécie de psicologia de dominação visto que estando às ordens de *purusa* (o elemento masculino), *prakrti* (o elemento feminino), englobando tudo o que dividimos em matéria e mente, pára de executar a sua dança de evolução. Ainda assim, este dualismo não traz qualquer avaliação em termos de bem e mal. *Purusa* é tido como leve (*prakāsha*), irradiando energia existencial, e *prakrti* é tido como o reflexo que executa este impulso. Esta execução é o seu poder ou *Shakti* e, enquanto *Shakti*, é considerada a consorte de *purusa*, geralmente concebida como *Shiva*. Em termos religiosos, *purusa* é o deus *Shiva*, e *prakrti* é a deusa (*devī*), e o seu relacionamento é visualizado na imagem de um casal de amantes. Uma vez que Ela simboliza a parte ativa (poderosa, *Shakti*), é geralmente representada sobre *Shiva*, deitado sob ela.

Além do mais, o papel criativo e revelador de *prakrti* foi visto na forma personificada de uma deusa, calorosa e vital, e os diversos aspectos e etapas da sua personalidade criativa foram novamente descritos em imagens de deusas. Em conformidade a isso, no ritual tântrico uma mulher era reverenciada e cultuada como deusa. Não se tratava de divinização sentimental, mas sim da presença da deusa em uma mulher mundana.

A concepção *Vaisnava* aproxima-se mais da distinção ocidental entre "amor sagrado" e "amor profano" na imagem de Krsna, Radha e as gopis. A grande força do culto a Krsna tem sido o seu erotismo verdadeiramente envolvente e a exploração de todas as minúcias possíveis de paixão física. O escolasticismo indiano fez grandes esforços para ver no erotismo declarado uma alegoria do relacionamento da humanidade com Deus, mas não condenou a sensualidade envolvida[(6)].

O Hinduísmo filosófico não constitui exceção à idéia generalizada de que o princípio feminino é intrinsicamente positivo. *Maya*, seja qual for o seu relacionamento com *Brahman*, não é má em si mesma. Do mesmo modo que o poder criador de *Brahman*, *maya* é limitante, e toda limitação é restritiva e tendenciosa. Em termos cognitivos, *maya* é o conhecimento insuficiente. O "bem" e seu correlativo o "mal" são julgamentos baseados em conhecimento insuficiente e não têm uma natureza duradoura em si...

O Budismo acrescentou nova dimensão ao pensamento indiano. Sua fase inicial centrou-se no ideal do monge, cujo celibato dava continuidade à tendência mais arcaica do armazenamento da energia, mas com um conteúdo diferente. Não era mais uma questão de força, mas de uma experiência arrebatadora, o Nirvana, no qual as polaridades tinham sido superadas. A diferença entre o *tapasvin* hindu e o monge budista pode ser descrita conforme segue: o *tapasvin* anseia por um estado da mais ele-

(6) Contrasta com esta atitude o moderno culto ocidental a Krishna que, sob as influências do Hinduísmo "vitorianizado", adota uma perspectiva extremamente negativa e puritana, em tudo destituída do sentimento caloroso e humanista que permeia a versão original.

vada tensão, o monge um estado de tensão resolvida ou, pelo menos, suspensa; e enquanto a tensão está intimamente associada com a sexualidade, a resolução da tensão não está ligada a sexo algum. Por outro lado, o *tapasvin* e o monge são semelhantes em seu engano contra a mulher como sendo a sedutora, que é simplesmente um indício de seu sentimento pessoal de fraqueza, mas não reflete um juízo metafísico e a sua imposição aos outros no interesse de uma doutrina meramente hipotética.

A polaridade masculino-feminino torna-se um dos tópicos centrais do Budismo *Vajrayana*, que enfatiza o aspecto "existencial" em contraste com as discussões epistemológicas. Sua linguagem "incorpora" a experiência e o sentido julgados válidos e importantes, e que são experimentados tanto nas idéias quanto na ação. Às idéias em particular pertencem a polaridade de *prajna e upaya,* à ação da situação referida por meio dos termos *Karmamudrā* e *Jñānamudrā.* Na filosofia budista, *prajñā*, é a palavra para uma função discriminadora, compreensiva, uma cognição de valor, enquanto *upāya* refere-se à "ratificação" do que é obtido através desta cognição de valor. As duas são mutuamente enaltecedoras: quanto mais cognição de valor, tanto mais ação significativa; quanto mais ação significativa, tanto mais *insight* da realidade. E uma vez que o "conhecimento" é o ponto fundamental, a opinião subjetiva está automaticamente excluída. Entretanto, a feminilidade literalmente pertence à *prajñā* ou nós simplesmente fantasiamos ou imaginamos que sim porque o nome *prajñā* costuma ser do gênero feminino? A resposta é que a feminilidade literalmente pertence à *prajñā.* Pela consciência dos nossos próprios estados e incluindo-os, temos consciência de outras coisas que não os nossos estados particulares, e nesta experiência percebemos a feminilidade como invasiva, penetrante, inerente e habitante de toda a estrutura da função da consciência. De modo semelhante, *upaya* envolve masculinidade. Em termos mais específicos, *upāya* é *karunā*, "compaixão", que é um princípio ativo, não um sentimentalismo passivo. O nome *karunā* é do gênero feminino mas o seu funcionamento é tido como masculino. Por isso, o gênero do nome não tem significado no processo da vida. A polaridade de *prajñā* e *upāya* e a sua unidade na realidade existencial do homem são descritas como segue por Anangavajra:

> A irrealidade das entidades da existência (como entidades em si mesmas), que é obtida por um processo de pensamento perspicaz pela divisão em cognição e cognoscível, é denominada intenção de *prajñā*(7).

Aqui está dito com bastante clareza que a natureza das entidades da realidade, sua *nihsvabhava* ou *sunyata* é "pretendida" por *prajñā*. O verso não diz que *prajñā* é *sūnyatā*; entretanto, para que possa ser capaz de perceber *sūnyatā*, isto é, a dimensão infinita do ser, ele deve ser "aberto", sem preconceitos(8). A *prajñā* é sempre uma função, nunca uma entidade ontológica. Anangavajra, então, continua a referir-se *upāya*:

> A compaixão (*krpa*) é denominada a paixão do amor (*rāga*), porque possui um carinho por todos os seres sensíveis que estão se afogando no oceano da miséria, gerada pelo fator da frustração. Ela é louvada como ação significativa (*upāya*), porque toma um rumo adequado, assim como um barco seguindo a corrente chega ao destino desejado(9).

---

(7) *Prajñopāyavinishcayasiddhi*, I 14.

(8) Existe uma enorme diferença lógica entre dizer que *prajñā* é *sūnya* ("aberta, imparcial") e afirmar que *prajñā* é *sūnyatā* ("uma dimensão aberta"). Infelizmente, esta distinção nem sempre é observada pelos escritores ocidentais.

(9) *Prajñopāyavishcayassiddhi*, I 15-16; observe aqui a implicação social de "todos os seres".

Anangavajra resume a unidade desta polaridade nas palavras:

> A fusão destes dois princípios, como uma mistura de leite e água, denomina-se *prajnopaya* em vista de sua unidade[10].

A polaridade da "discriminação compreensiva" e da "ação significativa", em termos filosóficos, de "macho" e "fêmea", em linguagem poética e mundana, expressa as tendências fundamentais da humanidade. Existe um movimento permanente, uma contínua troca de estados, e, ao mesmo tempo, uma constante eliminação dos opostos por estados de equilíbrio relativo. A realidade humana é justamente este estado de tensão suspensa entre masculinidade e feminilidade, no qual ambas estão "abertas", e apenas a sua interação contínua, o seu vir a ser, é real.

Assim, a realidade humana torna-se um campo de infinitas possibilidades. O homem não é lançado em um mundo estranho; ele é o mundo, criando-o sempre e, ao criá-lo, cria-se a si próprio. O efeito de tal ponto de vista é que o homem não lida com "objetos", mas com "realidades", e estas realidades lhe parecem como um ser corporificado, como "incorporações" da criatividade, originalmente nas formas humanas de homens e mulheres – que, não obstante, permanecem ligadas ao mundo não-humano com toda a sua beleza e os seus valores. Estas incorporações são as assim chamadas "deidades" nas quais o homem se encontra e se vê refletido, e neste encontro ele aprende a ser mais ele mesmo. É lamentável que tenhamos de usar termos personalistas, pois são falaciosos. Ser mais "si mesmo" não sig-

(10) Ibid., I 17.

nifica a exaltação do ego; uma pessoa egocêntrica é a última a ser ela mesma pela simples razão de que é incapaz de se aceitar e, por conseqüência, tenta com desespero ser algo que não ela própria. Tampouco pode haver qualquer divisão de categorias entre o "humano" e o "divino"; essa divisão seria frustrante e retiraria a vida do real que, conforme vimos, é a tensão entre os opostos. Através dos símbolos "divinos" da polaridade é que o homem pode se ver como um "campo", na linguagem técnica do Budismo, denominada *mandala.* Neste campo, a polaridade masculina é tão importante quanto a feminina, uma não pode existir sem a outra, ambas são "energias elaboradas" do conhecimento que já está pressuposto na questão de o homem poder ou não se conhecer e ser ele mesmo. Restringir ou denegrir o conhecimento é equivalente a destruir a humanidade do homem. Mas o Conhecimento funciona de muitas maneiras, e cada uma delas pode corporificar-se em uma forma simbólica. Quando dissemos que o *insight* na realidade corresponde à ação significativa e vice-versa, encontramos o mesmo declarado explicitamente no Budismo:

> Esse grande (isto é, absoluto) conhecimento que por si mesmo é mais efetivo na realização dos anseios de todos os seres, e que não pode ser restringido, chama-se *Amoghasiddhi*[(11)].

E esse conhecimento que, por meio da compaixão absoluta, sempre se empenha em recuperar o mundo, chama-se *Tara*[(12)] devido à sua habilidade em salvar os seres(12). Ou, um outro exemplo que mostrará o caráter duplo do conhecimento como sendo a "posse" mais íntima que um homem pode ter e, no entanto, a mais "pública", por estar relacionado com o restante da humanidade e com o mundo natural:

---

(11) *Jnanasiddhi*, XV 16.
(12) Ibid., XV 20.

> Preciosidades como um Buda e outros, surgem de uma certeza e com regularidade; este conhecimento relacionado com as aspirações dos seres chama-se *Ratnasambhava*[13].
> E uma vez que o conhecimento (corporificando) toda a fraternidade de Buda é o meu ser mais íntimo e eu mesmo, ele é conhecido como *Māmakī* devido à mútua interpenetração[14].

Enquanto existirem seres humanos, a polaridade masculino-feminino irá continuar. Esta polaridade não é mutuamente excludente, mas mutuamente penetrante em um constante processo de vir-a-ser. Aceitar esta polaridade é aceitar a natureza humana, mas de modo arbitrário tornar esta polaridade mutuamente excludente e com igual arbitrariedade dar a uma o rótulo de boa e à outra, o rótulo de má; e, então, sustentar tal "solidez equivocada" com dogmatismo fanático é negar a natureza humana. Porém, talvez as atitudes de negação da vida e de afirmação da vida sejam apenas um outro aspecto da polaridade onipresente que é resolvida no conhecimento.

(13) Ibid., XV 14.
(14) Ibid., XV 13.

Assim como um homem e uma mulher abraçados nada mais destinguem sobre fora ou dentro, também o Eu abraçado pelo Espírito nada mais distingue sobre fora ou dentro. Este é o verdadeiro Eu no qual a totalidade do desejo é satisfeita.

Brihadaranyaka Upanishad

SWAMI SIVANANDA RADHA

A BUSCA DA UNIÃO

Uma das lendas mais conhecidas da tradição espiritual do Oriente é a do Senhor Krishna e sua estória de amor com Radha e as *gopis*. É uma estória encantadora e eterna que inspirou o melhor da música, da escultura, da pintura e da poesia indianas. Contudo, os níveis mais profundos do seu significado somente são revelados àqueles que embarcaram na sua própria "estória de amor com o Divino", e que adquiriram fluência na linguagem da interpretação simbólica. Confundir a metáfora espiritual com a realidade mundana é perder a essência destes belos ensinamentos.

As *gopis*, mulheres recém-casadas que cuidam das vacas sagradas, são irresistivelmente atraídas a seguirem a melodia da flauta do Senhor Krishna, que é o chamado íntimo do Altíssimo. Por força do seu amor pelo Divino, simbolizado pelo jovem deus, elas abandonam a segurança do lar, da família e dos deveres mundanos para seguirem seu Senhor. Elas representam aqueles aspirantes que atingem a Auto-Realização por meio da devoção intensa ou *bhakti,* colocando o anseio pela união com o divino na frente de todos os demais aspectos da vida. A atração de Krishna pelas *gopis* simboliza a aceitação divina e o prazer da criação.

Radha, uma encarnação do Amor Cósmico, é a *gopi* escolhida pelo Senhor Krishna para ser a sua amada. Em sua devoção e anseio por Krishna, Radha simboliza a alma humana, almejando a união cósmica com a alma suprema. A sua prece inspirada ao Senhor é expressão de amor divino antes que de amor físico:

> Oh, Tu, a quem eu soube à primeira vista tratar-se do Senhor do meu ser e meu Deus, recebe minha oferta. Teus são todos os meus pensamentos, todas as minhas emoções, todos os sentimentos do meu coração, todas as minhas sensações, todos os movimentos da minha vida, cada célula do meu corpo, cada gota do meu sangue. Sou absoluta e totalmente Tua, Tua sem reservas. O que Tu desejares de mim, isso eu serei. Se Tu escolheres para mim a vida ou a morte, a felicidade ou a tristeza, o prazer ou o sofrimento, tudo o que me vier por Teu intermédio será benvindo. Cada uma das Tuas dádivas sempre será para mim um presente divino, trazendo em si a felicidade suprema.
>
> A Mãe

A lenda narra como, depois de muitos encontros, de muitas atrações e rejeições, Radha e Krishna finalmente se entregam à união sexual em uma caverna secreta. No mérito de seu caso amoroso ou *lila* reside o segredo da dança cósmica entre a criação e a energia em potencial. É a interação dinâmica entre o Divino durante a criação dirigida para a realização, e a criação atraindo o Divino para a experiência.

Este relacionamento cósmico é refletido nas relações humanas. A função procriadora do sexo liga-o inevitavelmente ao ciclo humano de nascimento e morte. É impossível conceder a "dádiva da vida" sem ao mesmo tempo aplicar a experiência do sofrimento humano e da morte. Assumir a responsabilidade de um relacionamento sexual envolve a aceitação da eventual paternidade ou a opção de pagar o preço pelos métodos contraceptivos eficazes. Uma união verdadeiramente espiritual é aquela em que os parceiros possuem suficiente maturidade mental e emocional para escolherem com clareza se desejam ou não ter filhos, e para aceitarem a responsabilidade de longo prazo por sua decisão. Aqueles que decidem tornar-se pais devem fazê-lo com plena consciência das exigências envolvidas e da tragédia potencial da situação mundial que se apresentará aos seus filhos.

Mas os amantes podem desenvolver uma compreensão diferente da união física, se conseguirem meditar juntos e dedicar os prazeres dos seus corpos ao Altíssimo. Aqueles que desejam filhos podem se oferecer para guiar e zelar pela alma que pode nascer como resultado da sua união. Eles devem sentir uma grande alegria pelo fruto de sua união, cuidando da criança e respeitando-a como dádiva divina. Esta atitude com relação aos filhos é muito rara e exige, por parte dos pais, enorme controle e dedicação abnegada durante muitos anos.

Para auxiliar os indivíduos a evitarem recair sob o jugo do instinto sexual, que para muitos é uma força aparentemente incontrolável, existe um exercício simples da tradição espiritual do Oriente que proporciona muita ajuda prática no crescimento interior. O indivíduo mantém-se em pé com a coluna ereta e começa a andar em círculos tão amplos quanto o espaço permitir, focalizando a atenção no peito. Os braços fazem um movimento circular sincronizado à frente do corpo, ficando o ponto inferior do círculo abaixo do umbigo, e o superior sobre a cabeça. As mãos ficam estendidas com as palmas viradas para cima. Enquanto caminha o indivíduo repete em voz alta, firme e forte: "Estou operando a partir do meu centro". Quando praticado regularmente por pelo menos cinco minutos a cada dia, este exercício trará resultados magníficos ao cultivo do equilíbrio mental e emocional. A repetição desta afirmativa conduz à geração de um novo entendimento acerca dos "pares de opostos" da existência humana, tais como o nascimento e a morte, o amor e o ódio, o bem e o mal, Deus e o demônio.

Uma outra forma de união ocorre quando duas pessoas desfrutam de algo juntas, independentemente do sexo. Isso pode acontecer enquanto vivenciam a magnificência da Natureza tal como a glória do pôr-do-Sol, ou parados na borda do Grande Canyon, ou observam os mistérios das células vivas através do microscópio. Pode haver união quando duas pessoas juntas reagem com reverência e gratidão a obras de arte, música sublime, obras-primas da arquitetura. Há um encontro na alegria bem como na tristeza, que é em si uma espécie de ligação no nível emocional.

Ainda há o encontro das mentes, considerando sob o mesmo prisma as idéias que são criadas, cada qual lançando energia à outra, à medida que os pensamentos são transmitidos. Cada pessoa pode experimentar crescente inspiração criadora à medida que os *insights* intuitivos fluem e refluem entre elas. Todas estas formas de união independem da atração sexual, contudo, na atração entre as mentes, as idéias podem ser "fertilizadas pela união dos pensamentos."

Aqui nós mencionamos os tipos de uniões que diferem da forma sexual. Quando esta possibilidade aparece pela primeira vez na mente humana, a pessoa pode começar a buscar ideais mais elevados e uma união que não seja passageira nem esteja vinculada à criação de novos seres. A noção de que a única união é a sexual, com sua ênfase equivocada na gratificação pessoal, leva a uma sobrecarga mental.

Na estória de Radha e Krishna, as descrições do seu namoro bem-aventurado não mencionam prole. Sua união não deve ser tomada literalmente, mas como metáfora divina para o amálgama da Energia Cósmica com a sua própria criação. Para que possamos apreciar de fato a significação de uma "estória de amor com o Divino", devemos despertar para a promessa de que o êxtase da união espiritual irá ultrapassar os prazeres da união física.

No momento do clímax físico, uma pessoa pode estar totalmente absorta na experiência e perder o senso de individualidade por alguns segundos. Os *yogis* da antiguidade consideravam tal êxtase muito breve, e o preço da repetição por demais elevado, incorrendo em constante responsabilidade para com o parceiro e a prole. A opção do *yogi* é cultivar a libertação – da segurança emocional e mental encontrada no relacionamento sexual completamente fiel, da ânsia de imortalidade através da procriação e da responsabilidade pela prole. O desafio que a *yoga* apresenta é o de devotar toda a energia para a busca dos valores superiores da vida, e alcançar a meta da bem-aventurança espiritual além do corpo físico.

Agora podemos olhar para uma forma de união que está além da descrição concreta – a união da inteligência individual com a Inteligência Cósmica. Nos tempos antigos, quando a idéia desta possibilidade surgiu pela primeira vez, ocorreu um dilema. Como ela poderia ser expressa de forma a ser compreendida por aqueles de culturas e épocas diferentes que buscassem os valores superiores? Os profetas de então optaram por comunicá-la por meio de imagens concretas de deuses e deusas em união física. Para o iniciado essas imagens significavam muito mais do que a relação sexual – elas representavam a união do indivíduo com a Inteligência Suprema. Mas para os iletrados, ela se tornou um indício de que eles deviam se entregar à gratificação pessoal.

Os deuses e as deusas com seus adornos precisam ser vistos como expressões concretas de ideais abstratos. As coroas em suas cabeças simbolizam o estado culminante da consciência e do intelecto na forma mais pura. É através dos cinco sentidos que se conhece a vida, e estes serviços sensoriais que o corpo proporciona ao indivíduo podem ocorrer em muitos níveis, desde o mais grosseiro até o altamente sutil. Não surpreende que descubramos os órgãos dos sentidos de deuses e deusas adornados com jóias. O ouvido que escuta é precioso, o nariz que detecta uma presença divina é raro. As jóias mostram como os sentidos das deidades tornaram-se refinados e preciosos.

Quanto ao corpo humano, ele é capaz de uma ampla gama de expressão e experiência, desde as percepções e ações grosseiras até as de maior sutileza. A energia sexual que é empregada para a gratificação pessoal deve ser reorientada a fim de desenvolver e refinar o potencial espiritual do corpo físico. O aspirante descobrirá que o corpo é capaz de se transformar em instrumento espiritual altamente sensitivo. Existem exercícios e práticas de *yoga* que ajudam a refinar o corpo tornando-o uma ferramenta espiritual dessa ordem.

As alegações dos sociobiólogos, de que os seres humanos são inteiramente controlados e manipulados pelos comandos da herança genética, não se aplicam àqueles indivíduos que atingiram o nível de consciência evidenciada pela estória de Radha e Krishna. É uma imensa batalha para libertar-se da insistência da natureza em dar continuidade à espécie humana. A senda para a consciência superior e a meta da libertação de todas as forças impelentes e compulsórias exige alto preço em renúncia aos desejos humanos. Todavia, a senda promete recompensas de valor eterno, muito além dos prazeres momentâneos do corpo físico.

Os seres humanos criaram seus próprios deuses – Eros, o dinheiro, a ciência, o poder político. Enquanto os seres humanos respirarem, eles continuarão a inventar deuses, até que estes tenham superado a sua utilidade. E até que o deus do sexo tenha esgotado sua utilidade, ele continuará a sua preocupação sensual, para roubar o corpo e a mente de sua energia.

Entretanto, podemos escolher o modo como vivemos nossas vidas. A questão sobre o tipo de vida que desejamos perseguir pode ser enfocada por esta indagação: "Que tipo de pessoa eu quero ser?" A pergunta é dirigida aos níveis físicos que incluem a sexualidade, aos níveis mentais que incluem as emoções, e aos níveis espirituais. Na atualidade, os dois primeiros níveis recebem atenção indevida, enquanto que, espiritualmente, as pessoas estão "famintas". É verdade que "o mau uso de qualquer coisa traz sua própria punição". Certa humildade e algum desejo sincero de compreender as leis divinas revelarão que, por trás de toda moral igual a essa, existe uma lei subjacente de manifestação que foi esquecida.

Que opções estão disponíveis ao indivíduo que deseja ser o administrador de seu próprio destino? Podemos nos libertar tanto do condicionamento externo quanto das compulsões íntimas? A passagem do estado animal humano, que se contenta em alimentar-se, dormir e procriar, ao ser completamente "humano", começa pelo reconhecimento do poder de escolha. Está em cada indivíduo decidir que espécie de pessoa deseja ser. Nestes tempos de carência espiritual é preciso tanto coragem quanto humildade para buscar um entendimento da lei divina e definir os ideais particulares – do corpo, da mente, das emoções e do espírito. Esse processo de definição é o primeiro passo para pôr em prática os ideais espirituais em todos os aspectos da vida humana, inclusive os relacionamentos sexuais.

Os defensores da lei física – que fazem da gratificação pessoal uma religião e transformam o sexo em deus – perdem a finalidade da vida. Eles devem se perguntar se nasceram por outra razão que não obter satisfação física e sexual. Sendo assim, o homem nunca se teria alçado acima dos animais, e a palavra *consciência* jamais teria existido. Nós ampliamos a nossa visão com o telescópio, a nossa audição, com o radar. Certas pessoas consideram que o que pode ser experimentado no sexo também pode ser estendido para além das limitações físicas.

O ser humano pode ser comparado a uma ponte de arco-íris entre dois mundos, o humano e o divino. A senda da libertação está aberta a toda pessoa que reconhece que a outra ponta do arco-íris é atingível. Os que desejarem atravessar a ponte devem querer fazer o esforço e pagar o preço humano pela bem-aventurança da união espiritual.

Ao considerarmos o sexo, o amor e o casamento sob o ponto de vista da *yoga*, especialmente da *yoga Kundalini*, vemos a energia latente nos seres humanos, que indica que a cooperação para sua própria evolução é uma possibilidade para todo homem e mulher. Como muitos sistemas, a *Kundalini* infelizmente passou por grande deterioração, e a clareza que quase se perdeu apenas pode ser recuperada voltando-se aos antigos textos. Lá descobriremos, para grande surpresa nossa, que não existe referência a relacionamentos sexuais reais: a sexualidade entre deuses e deusas deve ser compreendida como intercâmbio de forças. A única unicidade que os seres humanos conhecem é o relacionamento sexual porque, no momento do clímax, por alguns segundos, ocorre a perda da individualidade. Este é, em pequena escala, um estado de bem-aventurança. Para os *yogis* estes vislumbres não eram suficientes, mas indicavam uma possibilidade de êxtase muito maior do que a experiência física.

Devido ao interesse pela medicina holística, *Kundalini* recentemente passou por um exame minucioso por parte dos psicólogos. Tem havido muita discussão acerca do papel que *kundalini* desempenha na cura da pessoa como um todo. Deve ser compreendido, entretanto, que costumam ser as forças emocionais as responsáveis pela doença da pessoa, e a libertação dessas forças (que é também uma espécie de desenrolar – *Kundalini* quer dizer "enrolado") proporciona saúde. Mas isto não está relacionado com *Kundalini*.

Se fizermos uma especulação generalizada sobre o que é *Kundalini*, devemos descrevê-la como a força latente que vem à tona em gênios como Bach e Leonardo e, mais recentemente, Einstein.

Sem dúvida, pode surgir uma grande inspiração para transportar o ser humano além dos comandos dos genes. Podemos ver isso exemplificado nas obras-primas como o Panteão, a Catedral de Chartres, a de São Pedro, e outras grandes obras de arte de gênios criadores como Michelangelo, Leonardo da Vinci, Bach e Mozart. Com certeza, eles devem ter tido acesso à consciência superior ou Inteligência Suprema, que produziu a grande inspiração além do comando habitual da herança genética. Para a maioria das pessoas, entretanto, a inspiração não dura mais que a luz do vaga-lume, que recebe breve atenção e depois volta ao desconhecido. A pergunta é, por que não existem mais pessoas na categoria dos gênios?

A possibilidade da *Kundalini* poder surgir espontaneamente nas pessoas e manifestar-se na energia sexual tornou-se assunto de grande interesse. Tem sido usada como explicação ou pretexto para as mudanças do comportamento sexual, desde as simples modificações até os excessos.

Assim como a estória de Radha e Krishna, com a qual iniciamos nossa jornada investigativa, existe um outro mito que pode nos dar uma pista sobre a atitude *yogi* com relação ao sexo. Trata-se do relacionamento de *Shiva* e *Parvati*. O grande renunciante, o grande deus *Shiva*, estando certa vez tomado pelo desejo de companhia, olhou ao redor e viu uma jovem mulher que estava engajada na perfeita adoração a ele – a deusa, a *devi*, *Parvati* –, e desejou tê-la por companheira. *Shiva* é o asceta, o deus que tem a sua residência no Monte Kailas, onde só existe neve e gelo. Muitos indianos vão em peregrinação ao Monte Kailas uma vez em suas vidas para receberem grandes graças. Dizem que o deus está sentado lá em contínua meditação.

Contudo, este mesmo Senhor *Shiva* é o deus que dançou para dar vida à criação. A cada movimento ele criou uma outra parte da vida. O *Shiva* dançante freqüentemente é mostrado em uma roda de fogo, o fogo da paixão. Este não deve ser visto apenas como uma força destrutiva. Com intensidade passional, *Shiva* dançou sua dança cósmica e criou o mundo, mas ele não podia dançar sozinho. *Shiva* simboliza a pura energia *não manifesta;* a energia *manifesta* assume um aspecto diferente, simbolizado pelo feminino, *Parvati*. A dança cósmica de *Shiva* e *Parvati* é como uma experiência elevada entre dois seres humanos.

Mas até mesmo as forças cósmicas precisam de descanso. E até mesmo a deusa *Parvati* (também conhecida como *Shakti* e *Devi*) não pode criar continuamente, pois ela também precisa descansar. O período da criação e o período de descanso poderiam representar *eons* (eras) do tempo. Devemos mudar o nosso conceito de tempo para entendermos isso. Denominamos o tempo humano de tempo micro, de calendário do tempo, os anos à medida que eles passam para formarem a extensão das nossas vidas. Mas o tempo e *Shiva*, o tempo da *Devi*, é o tempo macro – séculos, *eons* (eras), o período cósmico. Isso significa considerar o tempo em dimensão diferente, muito além até mesmo dos cálculos dos astrônomos sobre quanto tempo a luz de um corpo celeste leva para alcançar a Terra e para nós vermos as estrelas.

Pensando em termos do tempo macro, podemos dizer que há um ciclo de criação no qual este mundo existe. Mas um dia certo planeta que está repleto de vida cairá no esquecimento, e em algum outro lugar a vida nascerá novamente. É possível que a lua tenha sido um planeta maravilhoso. Talvez algumas das demais estrelas e planetas tenham tido vida certa vez. Nós não sabemos o que aconteceu nesses domínios. A energia condensada nos buracos negros pode estar apenas esperando para explodir novamente em nova manifestação, em novo ciclo de vida que pode levar outros dois ou três milhões de anos, até que outro período de descanso, de não-criação, se repita.

Portanto, o tempo de descanso ou celibato de *Shiva* após a dança cósmica torna-se a pista significativa de que os seres humanos também devem descansar. Os judeus e os cristãos têm seis dias de trabalho, um dia de descanso. Os criadores de animais não acasalam o seu gado a cada estação. Até mesmo os campos não devem produzir em todas as épocas, mas devem ser deixados sem cultivo a intervalos regulares.

O celibato, ou *brahmacarya,* e a atividade sexual contrastam um com o outro e, no entanto, derivam da mesma unidade. Porém, a sexualidade humana tem sido negativamente explorada. É um assombro constatar-se até onde a preocupação com o sexo levou o homem. Talvez as idéias de *Shiva* e *Parvati* possam servir de modelo para uma visão completamente nova.

O mantra para o *Muladhara Chakra* no sistema *Kundalini* expressa belamente este conceito:

> No vosso *Muladhara* eu louvo a Ele, que possui nove naturezas, dançando o grande *Tandava*, tendo nove sentimentos, junto com sua (*Shakti*) Samaya, a quintessência de *Lasya*. E desses dois, cada qual com a sua própria forma de destaque, olhando compassivamente para o arranjo da criação (do mundo), que este mundo passa a existir tendo a vós como pai e mãe.

Comentário:

Shiva dança Sua Dança Cósmica, o grande *Tandava*,
Inteligência Suprema, dançou no Eu.
Shiva e *Shakti* dançam juntos,
delicadamente enlaçados.
Rasa, a consciência última por dentro.
O Centro do ser é tocado, livre da competição.
O grande *Tandava*, o dramático, a atividade Cósmica,
às vezes violenta tal qual tempestade:
Laysa, a atraente, a doce, um sussuro;
movimentam-se juntos em bem-aventurança, regozijo
e eternidade, em ritmo perfeito.
Por meio desta dança o mundo passa a existir.

Na dança da deusa (a devi), cuja substância é a consciência, o princípio dual de *Shiva/Shakti* é apresentado como a forma masculina e feminina indicando a polaridade da mente. Os princípios masculino e feminino não são rigidamente limitados, mas são elementos inseparáveis de energia gerando mundos em turbilhão, desde o átomo minúsculo até os milhões de galáxias. Nada fixo, nada rígido. A riqueza em variações místicas manifestando a própria vida.

Os poderes da mente e da matéria, da criação e da destruição, do nascimento e da morte, são um intercâmbio de forças incorporadas na dança de *Tandava-Lasya*. No nascimento oculta-se a morte, assim como no fogo oculta-se o calor. A ilusão e o desejo dançam juntos. A Vida é uma onda Cósmica; criação deslumbrante. Todas as formas passam a existir a partir da manifestação da consciência.(*)

Quando *Parvati* tornou-se esposa de *Shiva*, os outros deuses dos céus disseram: "O que quereis com ele, que não possui um lugar para vós, que vive no gelo e na neve e leva uma vida de meditação?"

Parvati, a deusa da criação, no íntimo sabia que de algum modo havia mais a esperar daquele relacionamento. Seu tempo com *Shiva* chegaria. E a partir da sua dança com *Shiva*, o mundo passa a existir. Contudo, ambos alternam épocas de criação com épocas de descanso, ascetismo e meditação. Parece que o ascetismo e a meditação fortalecem o ser humano. O asceta emana uma poderosa atração ao sexo oposto, do mesmo modo que um indivíduo altamente sexuado. O ser humano médio alterna entre os dois.

As pessoas casadas intensificariam o seu relacionamento se concordassem mutuamente com um período de celibato de tempos em tempos. Às vezes um casal deve tirar um descanso ou até mesmo umas férias um do outro. Devemos romper com os

(*) Swami Sivananda Radha. *Kundalini: Yoga for the West* (Spokane, Wa.: Timeless Books), 1978.

padrões habituais tais como a racionalização de que "porque dormimos no mesmo quarto, na mesma cama, devemos fazer sexo". Contrária às idéias da Escola Freudiana de Psicologia, talvez esta idéia não seja saudável. Assim como a deusa precisa passar um período no celibato para renovar sua energia antes de continuar a criação, também a mulher se resguarda e faz um balanço do que precisa ser feito, das mudanças que são necessárias.

Ao casal que deseje um relacionamento duradouro seria prudente observar a atitude dos deuses e deusas. É da natureza do homem ser um semeador, criar, mas o homem precisa de intervalos de inatividade. E às vezes esse período de economia da energia física normalmente dispendida com o sexo pode ser de grande importância. Qualquer um que entreviste e aconselhe casais sabe que pessoas exaustas não têm a atitude adequada com relação ao sexo. Elas receberam uma lavagem cerebral sobre a importância do sexo, como se tivessem nascido só para isso. Portanto, nós devemos restabelecer o verdadeiro equilíbrio, e onde é que podemos obter orientação? Foram os grandes mestres espirituais que indicaram os seres divinos.

Atualmente o mundo está superpovoado. Existem pouquíssimas raças que precisam se preocupar com a propagação de sua própria espécie. Nos dias de hoje precisamos adotar uma atitude disciplinada, especialmente no mundo ocidental. Assim como o dinheiro é controlado pelos impostos, e o material é controlado pelas leis, também as pessoas devem auto-regular o número de filhos – antes que isso também seja ditado pela autoridade governamental.

A inteligência não precisa ser excluída do sexo. A qualidade minimiza a voracidade e pode transformar a vida sexual. Os deuses e deusas ainda podem se comunicar conosco por meio das antigas Escrituras.

Assim como nós temos de trabalhar qualquer relacionamento bom, também temos de trabalhar o relacionamento no casamento. Existem outros valores na vida, outros aspectos a compartilhar além dos nossos corpos. O preparo para as muitas facetas da vida de casado e as responsabilidades da paternidade são inadequados sem essas considerações. A realidade deve equilibrar o romantismo se o casamento for durar.

Shiva e *Shakti* se engajam em amor passional para criarem o mundo. Eles também se engajam na busca apaixonada do repouso, da meditação acerca de sua própria criação – e nós devemos fazer o mesmo. Não devemos nos permitir sermos consumidos pelo amor sexual passional, mas pelo amor passional que se expande para outras áreas da vida. Cada homem e cada mulher, juntos ou separados, devem decidir o que o sexo vai significar em suas vidas. Eles devem responder por si mesmos às perguntas feitas pela *yoga Kundalini* com relação ao estabelecimento de uma base, optando por dirigir a energia pura para outras áreas além do sexo. Será ela empregada para a criatividade nas artes? Quais são as prioridades?

Ponderamos prioridades em muitas áreas da vida. Agora temos de incluir os nossos relacionamentos sexuais, as nossas atividades sexuais. Obedecer instintos cegos não traz realização: antes produz a voracidade de ser cada vez mais permissivo, porque o sexo não é compreendido como um deslocamento de energias de um corpo para o outro, cada qual ressonando no outro. O que se considera sexo na vida normal pode na verdade ser chamado de sexo em estado natural, de gratificação sexual em estado bruto.

Ao compreendermos os passos que podem ser tomados para elevar o sexo, podemos classificar as pessoas em diversos estágios. O homem primitivo possui um entendimento precário sobre o que seja o sexo, mas no segundo estágio pode sobrevir alguma consciência, um conhecimento parcial sobre o que o sexo significa, e talvez uma diferente escolha dos parceiros.

No terceiro estágio, o despertar do sexo pode se dar pela gratificação ou pela exploração; contudo ocorre uma revelação, na mente e no coração, de que a atividade sexual transformar-se-á no amor sexual. As exigências são bem menores, obsequiar o parceiro torna-se mais freqüente. Faz-se a pergunta, o que o sexo significa? Uma vez que, depois de certa idade a mulher não pode mais ter filhos, o sexo destina-se apenas à procriação? Sendo assim, por que a atração do sexo e a experiência da atividade sexual não terminam em dado momento? Talvez os relacionamentos sexuais também tenham suas diferentes fases. Nós não devemos excluir esta possibilidade. Para muitos casais, a vida sexual passional apenas terá lugar quando eles estiverem livres da possibilidade de gerar filhos. Então o sexo assume uma crescente experiência de amor, para expandir-se em uma maior compreensão do amor que inclui o sexo. Entretanto, o período de descanso necessário não deve ser esquecido, não deve ser omitido. O copo de vinho ocasional, a refeição excepcional do *gourmet* só continuarão sendo algo especial quando o seu valor não for diluído no hábito cotidiano.

O amor no casamento pode ser renovado fixando-se épocas de celibato. Isso pode se dar por três meses, ou um ou dois anos, para renovar o vigor, para renovar a energia, e também para dar a oportunidade de sondar profundamente o íntimo, vindo a entender o "eu", continuando o processo de crescimento até o limite, até o desenvolvimento global. O sistema *yogi* proporciona isso: a *HathaYoga* traz o físico para um nível superior, para os aspectos psicológicos e místicos; a *Bhakti Yoga*, amor e devoção, com freqüência menosprezada pelo intelectual que não tem suficente compreensão do que de fato é o amor para apreciar-lhe os benefícios; a *Jnana Yoga*, sabedoria, a *yoga* do entendimento, do entender a mente. Elas juntas formam a *Yoga* Régia. O *Gīta* aponta dezoito tipos de *yoga*. Cada casal pode escolher o seu próprio tipo e juntos praticar partes dele.

Qual seria o seu relacionamento, a sua intimidade familiar, se vocês meditassem antes de se entregar ao sexo? Talvez vocês se tornassem de fato conscientes das forças mais sutis que passam a existir a partir da atitude diferente para com o sexo, e por uma troca de energia, de correntes que fluem entre dois corpos. O que significaria o sexo se vocês meditassem depois de experimentar a bem-aventurança sexual – continuar a admitir essa explosão na Luz Divina, na Luz que só poderia ser considerada de natureza divina, algo que move todo o seu ser?

Uma aventura maravilhosa se estende à frente do homem ocidental. Por tempo demasiado ele foi mantido na ignorância e ouviu falsas promessas. Não podemos ser todos grandes *yogis*, mini-*Shivas*, mas ainda podemos conferir qualidade a todos os aspectos das nossas vidas e tornar o sexo significativo no amor, e o sexo e o amor significativos em um casamento que floresça e inspire os demais a florescer também.

Leia Também:

FUNDAMENTOS DA FILOSOFIA ESOTÉRICA
H.P. Blavatsky

Este livro é uma compilação dos escritos de Helena P. Blavatsky, especialmente *A Doutrina Secreta* e *Isis sem Véu*, visando apresentar os fundamentos do genuíno esoterismo.

A "Filosofia Esotérica" está baseada em princípios os quais o estudante deve assimilar através da reflexão. Contém como apêndice o texto "A Doutrina Secreta e seu Estudo", que oferece "chaves" transmitidas pela própria Sra. Blavatsky para o leitor.

EDITORA TEOSÓFICA, S/C

SABEDORIA ANTIGA E VISÃO MODERNA
Shirley Nicholson

Nesta obra, a autora reapresenta os princípios teosóficos fundamentais e sua sintonia com os avanços científicos contemporâneos. Salienta que essas idéias eternas possuem energia e vitalidade capazes de inspirar aquele que as investiga.

O texto é dividido em três tópicos: "O Uno multifacetado", "O Uno em Expansão" e "A Natureza Humana e Sua Jornada", no qual o leitor encontrará reflexões sobre a ligação entre o homem e o Cosmos.

EDITORA TEOSÓFICA, S/C

A CHAVE PARA A TEOSOFIA
H.P. Blavatsky

Esta é uma obra clássica de Blavatsky (tradução da edição original de 1889), onde a autora procura evidenciar a existência de um ensinamento esotérico. Busca-se compreender o que é a Teosofia, os mistérios do Homem, o ciclo da vida e da morte (os estados "post-mortem"), através do estudo de religiões comparadas, filosofia e ciência.

Neste livro, em forma de perguntas e respostas, que é uma introdução ao estudo de *A Doutrina Secreta,* o leitor encontrará um auxílio efetivo para o entendimento da Religião Sabedoria.

EDITORA TEOSÓFICA, S/C

VIVEKA-CHŪDĀMANI
A Jóia Suprema da Sabedoria
Sankarāchārya

Um excelente texto da filosofia *Vedanta Advaita,* de Sankarāchārya, um dos maiores pensadores do Oriente. Sankara e Buda são os dois principais nomes da filosofia da Índia. Nesta obra, são apresentados os princípios fundamentais da *Vedanta,* que é derivada dos *Upanishads.* Há destaque para a identidade entre o Espírito em nós *(Ātman)* e o Ser Universal *(Brahman)* e para uma prática vivencial transformadora. Um tratado para iniciantes e para o estudo avançado.

EDITORA TEOSÓFICA, S/C